JN245189

埼玉の美しい自然

四季折々の125景

写真・文　清水　勉

85 金沢浦山のアジサイ　P102
86 白石のアジサイ　P103
87 浦和のヤブカンゾウ　P106
88 蓑山のアジサイ　P107
89 榎峠のアジサイ　P108
90 武蔵丘陵森林公園のヤマユリ　P109
91 古代蓮の里　P112
92 丸神の滝の夏・秋　P113
93 青い悪魔のホテイアオイ　P116
94 むくげ自然公園　P117
95 運動公園のヒマワリ　P118
96 新座のキツネノカミソリ　P119
97 初穂の東家　P120
98 清流の風布川　P121
99 横瀬川渓流　P122

◆秋から冬◆

100 有間渓谷龍神渕　P124
101 椚平のシュウカイドウ　P125
102 寺坂棚田　P126
103 小鹿野のダリア園　P128
104 権現堂のヒガンバナ　P129
105 ちちぶ花見の里　P132
106 荒川低地の田園風景　P133
107 加須低地の田園風景　P134
108 宇宙とコスモス　P135
109 三峰山の紅葉　P136
110 中津川林道の紅葉　P137
111 入川渓谷の紅葉　P138
112 大血川林道の紅葉　P142
113 金蔵落しのカエデ　P143
114 中津川渓谷　P144
115 三波石峡　146
116 浦山渓谷の紅葉　P147
117 小鹿野の紅葉　P148
118 峠の紅葉　P149
119 名栗渓谷　P150
120 有間渓谷の紅葉　P151
121 円良田湖の紅葉　P152
122 神川町の紅葉　P153
123 平林寺の紅葉　P156
124 屋敷林のシルエット　P157
125 夜景と光害　P158

※各項目の詳細地図の場所を示しています。詳細地図は、メイン写真の撮影地です。
サブ写真及びコラムの写真については掲載していません。

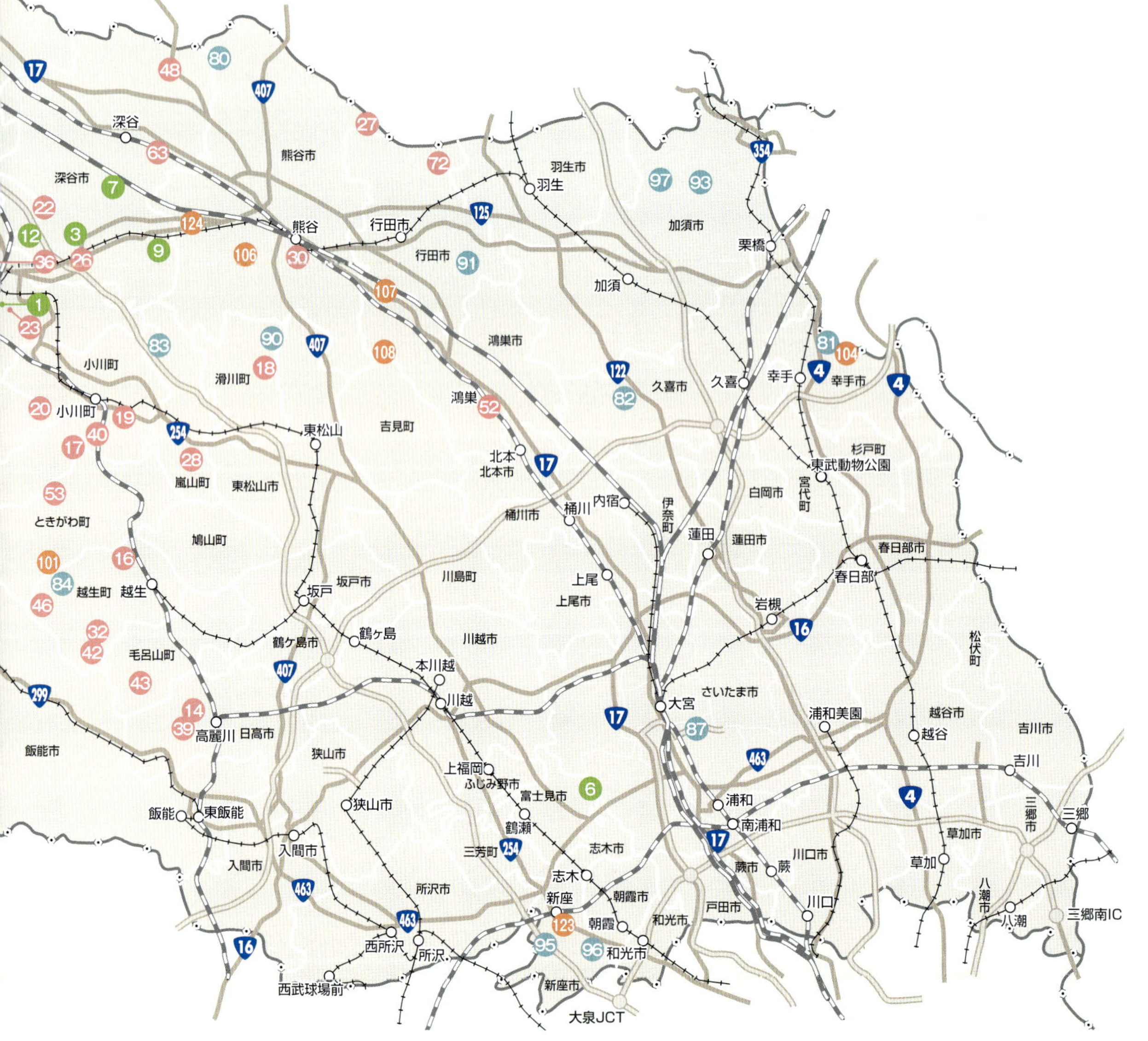

埼玉の美しい自然　埼玉県全体図

◆冬から早春◆

1 鉢形城址の樹木　P8
2 雪の粥新田峠　P9
3 樹木のシルエット　P10
4 雪の栃本集落　P11
5 秩父盆地の冬景色　P12
6 富士山遠望　P14
7 月齢のミステリー　P15
8 三十槌の氷柱　P16
9 荒川の白鳥　P17
10 浦山川の雪景色　P18
11 樹氷と武甲山　P19
12 地球照の見える頃　P20

◆ 春 ◆

13 スプリング・エフェメラル　P22
14 高麗家の紅白梅　P23
15 大伴部真足女と梅林　P24
16 越生の梅林　P25
17 小川町の桃源郷　P26
18 梅林の危機　P27
19 万葉集とカタクリ　P28
20 サクラの切り花栽培　P29
21 梅百花園と武甲山　P30
22 ハクモクレンと男体山　P31
23 鉢形城公園のエドヒガンザクラ　P32
24 岩根山のミツバツツジ　P33
25 清雲寺のシダレザクラ　P34
26 深谷のソメイヨシノ　P36
27 利根川と荻野吟子　P37
28 都幾川桜堤夜景　P38
29 こだま千本桜　P39
30 熊谷桜堤夜景　P40
31 原善三郎と天神山　P41
32 むらさき山のミツバツツジ　P42
33 花桃の郷　P43
34 羊山公園のソメイヨシノ　P44
35 宝登山麓のサクラ　P45
36 桜沢のソメイヨシノ　P46
37 蓑山のサクラ　P47
38 間瀬湖のヤマザクラ　P48
39 聖天院のサクラ　P49
40 仙元山のヤマザクラ　P50
41 鐘撞堂山のヤマザクラ　P51
42 太田道灌と山吹の里　P52
43 乙女の湖とヤマザクラ　P53
44 瑞岩寺のミツバツツジ　P54
45 名栗湖とヤマザクラ　P55
46 龍ケ谷のヤマザクラ　P56
47 三峰山のオオヤマザクラ　P57
48 小山川の菜の花　P58
49 金尾山のヤマツツジ　P60
50 鐘撞堂山のヤマツツジ　P61
51 長瀞岩畳のフジ　P62
52 鴻巣東小学校の大ケヤキ　P63
53 慈光寺のシャガ　P64
54 彩の国ふれあい牧場のヤマザクラ　P65
55 蓑山のヤマツツジ　P66
56 神流湖畔のヤマザクラ　P67
57 城峯公園のヤマツツジ　P68
58 大陽寺のシャクナゲ　P69
59 二本木峠のヤマツツジ　P70
60 吉田の天空集落　P72
61 矢納のキリの花　P73
62 横瀬川の地層　P74
63 返礼のハナミズキ　P75
64 山笑う登谷山　P76
65 風布の新緑　P77
66 三峯神社の新緑　P78
67 新緑の入川渓谷　P80
68 新緑の川浦渓谷（安谷川）　P81
69 新緑の橋立川　P82
70 天空のポピー　P83
71 滝川渓谷の春・秋・冬　P84
72 麦秋の田園　P86

◆ 夏 ◆

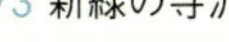

73 新緑の寺沢川　P88
74 新緑の谷津川　P89
75 新緑の浦山川　P90
76 新緑の生川　P91
77 大鳩園キャンプ場の新緑と黄葉　P92
78 名栗渓谷の新緑と紅葉　P93
79 登竜橋の新緑と紅葉　P96
80 能護寺のアジサイ　P97
81 権現堂のアジサイ　P98
82 菖蒲町のラベンダー　P99
83 金泉寺のアジサイ　P100
84 あじさい街道　P101

埼玉の美しい自然

目次◎四季折々の125景

●埼玉県全体図 2

◆冬から早春

1 鉢形城址の樹木 8
2 雪の粥新田峠 9
3 樹木のシルエット 10
4 雪の栃本集落 11
5 秩父盆地の冬景色 12
◆コラム◎星景写真について 13
6 富士山遠望 14
7 月齢のミステリー 15

8 三十槌の氷柱 16
9 荒川の白鳥 17
10 浦山川の雪景色 18
11 樹氷と武甲山 19
12 地球照の見える頃 20

◆春

13 スプリング・エフェメラル 22
14 高麗家の紅白梅 23
15 大伴部真足女と梅林 24
16 越生の梅林 25

17 小川町の桃源郷 26
18 梅林の危機 27
19 万葉集とカタクリ 28
20 サクラの切り花栽培 29
21 梅百花園と武甲山 30
22 ハクモクレンと男体山 31
23 鉢形城公園のエドヒガンザクラ 32
24 岩根山のミツバツツジ 33
25 清雲寺のシダレザクラ 34
◆コラム◎カタクリ 35
26 深谷のソメイヨシノ 36
27 利根川と荻野吟子 37
28 都幾川桜堤夜景 38
29 こだま千本桜 39
30 熊谷桜堤夜景 40
31 原善三郎と天神山 41
32 むらさき山のミツバツツジ 42
33 花桃の郷 43
34 羊山公園のソメイヨシノ 44

35 宝登山麓のサクラ 45
36 桜沢のソメイヨシノ 46
37 蓑山のサクラ 47
38 間瀬湖のヤマザクラ 48
39 聖天院のサクラ 49
40 仙元山のヤマザクラ 50
41 鐘撞堂山のヤマザクラ 51
42 太田道灌と山吹の里 52
43 乙女の湖とヤマザクラ 53
44 瑞岩寺のミツバツツジ 54
45 名栗湖とヤマザクラ 55
46 龍ケ谷のヤマザクラ 56
47 三峰山のオオヤマザクラ 57
48 小山川の菜の花 58
◆コラム◎春の見沼田んぼ 59
49 金尾山のヤマツツジ 60
50 鐘撞堂山のヤマツツジ 61
51 長瀞岩畳のフジ 62
52 鴻巣東小学校の大ケヤキ 63
53 慈光寺のシャガ 64
54 彩の国ふれあい牧場のヤマザクラ 65
55 蓑山のヤマツツジ 66
56 神流湖畔のヤマザクラ 67
57 城峯公園のヤマツツジ 68
58 大陽寺のシャクナゲ 69
59 二本木峠のヤマツツジ 70
◆コラム◎春の草花 71
60 吉田の天空集落 72
61 矢納のキリの花 73
62 横瀬川の地層 74
63 返礼のハナミズキ 75
64 山笑う登谷山 76
65 風布の新緑 77
66 三峯神社の新緑 78
◆コラム◎ふかや緑の王国 79
67 新緑の入川渓谷 80
68 新緑の川浦渓谷（安谷川） 81
69 新緑の橋立川 82
70 天空のポピー 83
71 滝川渓谷の春・秋・冬 84
72 麦秋の田園 86

◆夏

73 新緑の寺沢川 88
74 新緑の谷津川 89
75 新緑の浦山川 90
76 新緑の生川 91
77 大鳩園キャンプ場の新緑と黄葉 92
78 名栗渓谷の新緑と紅葉 93
◆コラム◎美しい夕焼け 94
79 登竜橋の新緑と紅葉 96
80 能護寺のアジサイ 97
81 権現堂のアジサイ 98
82 菖蒲町のラベンダー 99
83 金泉寺のアジサイ 100
84 あじさい街道 101

85 金沢浦山のアジサイ 102
86 白石のアジサイ 103
◆コラム◎夏の雲 104
87 浦和のヤブカンゾウ 106
88 蓑山のアジサイ 107
89 榎峠のアジサイ 108
90 武蔵丘陵森林公園のヤマユリ 109
◆コラム◎秩父連山のシルエット 110
91 古代蓮の里 112
92 丸神の滝の夏・秋 113
◆コラム◎埼玉県内のハス 114
93 青い悪魔のホテイアオイ 116
94 むくげ自然公園 117
95 運動公園のヒマワリ 118
96 新座のキツネノカミソリ 119
97 初穂の東家 120
98 清流の風布川 121
99 横瀬川渓流 122

◆秋から冬

100 有間渓谷龍神渕 124
101 椚平のシュウカイドウ 125
102 寺坂棚田 126
◆コラム◎長瀞七草寺 127
103 小鹿野のダリア園 128
104 権現堂のヒガンバナ 129
◆コラム◎ヒガンバナ 130
105 ちちぶ花見の里 132
106 荒川低地の田園風景 133
107 加須低地の田園風景 134
108 宇宙とコスモス 135
109 三峰山の紅葉 136
110 中津川林道の紅葉 137
111 入川渓谷の紅葉 138
◆コラム◎秩父盆地の雲海 140
112 大血川林道の紅葉 142
113 金蔵落しのカエデ 143
114 中津川渓谷 144
115 三波石峡 146
116 浦山渓谷の紅葉 147
117 小鹿野の紅葉 148
118 峠の紅葉 149
119 名栗渓谷 150
120 有間渓谷の紅葉 151
121 円良田湖の紅葉 152
122 神川町の紅葉 153
◆コラム◎虹・日暈・月暈 154
123 平林寺の紅葉 156
124 屋敷林のシルエット 157
125 夜景と光害 158
あとがき 159

冬から早春

1 鉢形城址の樹木

寄居町鉢形　１月上旬　(Hassel 503cw cf50mm)

寄居町桜沢　１月上旬　(Hassel 503cw cf250mm)

鉢形城（寄居町）は、荒川の切り立った崖と、深沢川の深い谷という自然地形を巧みに取り入れた戦国時代の名城であった。鉢形城の沿革は、中里清著『鉢形城跡と郷土文化』に「西暦９４０年（天慶３年＝筆者注）頃武蔵国司源経基之による」と記されているが、幾度かの戦乱の後、北条氏邦によって土塁と曲輪・堀を持つ広大な城となった。

一方、落城については、井伏鱒二が『武州鉢形城』で、井伏と同郷の備後国から流れてきた足軽の百田金太夫に焦点をあてて描いている。井伏の鉢形落城の記述は、寺子屋机を作るために深谷市の弘光寺住職から送付された赤松材に、矢尻や鉄砲玉が含まれていたことに始まる。調査すると、鉢形落城に及ぶ合戦の際に打ち込まれたものであることが判明した。天正18年（１５９０）、約三千の軍勢で城と砦を固めた北条軍は、上杉景勝・前田利家等をはじめとする約五万余騎の大軍と攻防約１ヶ月、ついに氏邦が剃髪して敵の慈悲を乞うことに決定し落城した。

写真上は、攻撃を受けた瀬下丹後邸の赤松より少し南方の、旧三ノ丸付近にある新雪を纏った樹木である。

②
雪の粥新田峠

皆野町三沢　1月上旬　(Hassel 503cw cf50mm)

英文学者で登山家の田部重治（たなべじゅうじ）は、著書『峠と高原』で、「峠は功利的精神から生じた人間的欲求のみでなく、美の感情の満足を無意識に欲求したことにより形成された。」と記している。峠は自然と文化の変化点であり、峠の魅力は眺望、人情、風俗、地形等の相違を感じさせるところにある。外秩父山地の峠からは、西に秩父盆地と秩父古生層特有の彫りの深い秩父山塊を望み、東に広大な関東平野を俯瞰する。外秩父の峠は、古くから江戸と秩父を結ぶ主要な交易道であった。川越河岸で船からおろした米は、馬の背で高坂、菅谷、小川、坂本を経て、峠を超えて盆地に運ばれた。また、秩父観音霊場巡礼の人々もこの峠を通って四萬部寺から巡拝した。一方、秩父盆地で生産された絹織物は峠を越えて江戸や八王子方面に運ばれた。秩父地方には200を超す峠があるという。それぞれの峠が人間的な情趣を持つのは、時々の人々の感情を刻んできたからに違いない。

写真は、降雪の翌朝、秩父事件にも関係のある粥新田峠付近から、西方、秩父盆地、城峯山・御荷鉾（みかぼ）山方面の眺望である。

3 樹木のシルエット

深谷市北根　1月下旬　(Hassel 503cw cf100mm)

樹木のシルエットは県内各地でよく見られる。とりわけ県北部の花園インター周辺には造園業者が多く、様々な樹木が畑地に植栽されている。この地区一帯は荒川による扇状地となっており、水はけが良く樹木の根の張りが早いので樹木育成に適した土地柄となっている。ケヤキ・アメリカハナミズキ・ハクモクレンなどの樹木が随所に植栽され、民家も少ないので透視できる風景が多く点在している。また、関東の空っ風を防ぐための屋敷林や神社の杜もあちこちにあり、冬季には、美しいシルエットを呈す。

ケヤキ植栽の歴史的背景について、千田文彦他著『こんなにも深い埼玉と韓国・朝鮮の歴史』に、川越氷川神社の夫婦ケヤキ、大宮氷川神社のケヤキ並木、浦和調神社の境内林、秩父神社境域の聖林、指扇清河寺、大久保領家日枝神社等のケヤキが紹介され、古代の韓国でケヤキの大木を御神木として崇めていたこととの関連や埼玉県内のケヤキの分布と渡来人の住居地との関係性に思いを馳せている点が興味深い。

深谷市北根　1月下旬　(Nikon D810 24-70mm)

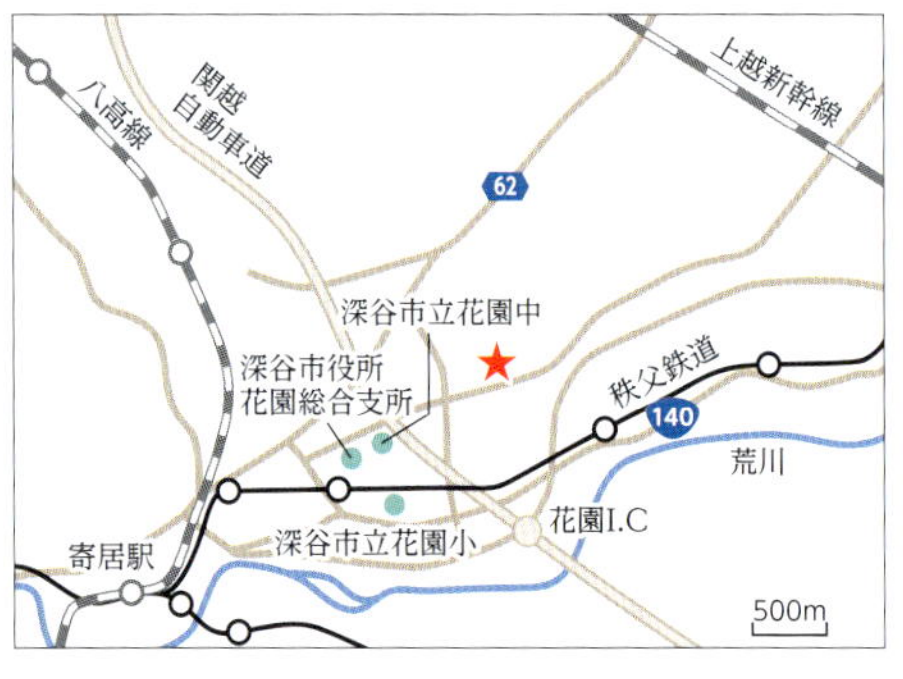

4 雪の栃本集落

秩父市大滝　1月下旬　(Hassel 503cw cf100mm)

英文学者・登山家である田部重治著『日本アルプスと秩父巡礼』の中に栃本集落に関する記述がある。「笛吹川より荒川へ」の項で、「なつかしい栃本、あこがれていた栃本、この村のあるが故に難しい荒川の深き水源をも雑作なく考えさせた栃本、水清き栃本、五月の若葉のように深い眼の乙女の多い栃本……中略……秩父の最奥の村と言えばいかにも山奥のようなれど、言葉付の雅やかさ、一挙一動のしとやかさ、山奥には見られぬゆかしさは、これを秩父の栃本に見ることができる。」と賛美している。田部が登山した大正初期頃は、道なき道を踏破するような山行であった。命をかけた山行の末、栃本の家並みに辿り着いた喜びは格別なものであったことが想像できる。

江戸時代の雁坂峠道（秩父往還道）と十文字峠道は、栃本集落の先で分岐していた。雁坂峠道は甲州裏街道としてかなりの通行量があった。また、十文字峠道には1里ごとに観音像が配置されていて善光寺参りや三峯山参り等で行き交う人々の安全を見守った。栃本集落には「入り鉄砲・出女」を禁ずる江戸幕府の政策により関所が置かれた。

写真は雪の降った翌日、栃本関所前から雁坂峠道方面の撮影である。

妙見神社
栃本関所跡
秩父往還
140
荒川
彩甲斐街道
滝川
200m

5 秩父盆地の冬景色

寄居町風布　1月下旬　(Nikon D810 24-70mm)

埼玉県の地形は関東山地東縁を境に、東側は平野、西側は山地を形成している。地学的には山地は隆起している地域であり、平野は沈降している地域である。一方、埼玉県には中央構造線（大断層）も走っており、県の大部分はフォッサマグナ（大地溝帯）にも含まれている。中央構造線は、ちょうど寄居町付近を通っており、寄居の風布はその南側の三波川変成岩帯にあたる。したがって地殻構造はかなり複雑である。また、関東平野北西縁断層帯（深谷断層帯や綾瀬川断層帯等）が高崎線にほぼ並行に確認されており、内陸型の直下型地震も懸念されている。関東山地東縁には、隠れた断層が存在している可能性があり、東京大学地震研究所による関東山地東縁の地殻構造探査等に期待したい。

写真は、風布から釜山神社に通じる林道から奥秩父方面の撮影であり、手前の雲海の下に秩父盆地が横たわっている。

寄居町風布のロウバイ　1月下旬　(Nikon D810 24-70mm)

◆コラム◎星景写真について（How to 編）

深谷市岡部　1 月中旬　（Nikon D810 14-24mm）
（使用機材　Nikon D810 NIKKOR 14-24mm f/2.8, リモートコード MC-30A, HUSKY 4 段三脚）
（仕様ソフト　比較明合成フリーソフト SiriusComp, Nikon Capture NX 2）

星空と地上風景を同一画面に収めた星空のある風景写真のことを星景写真と呼んでいる。デジタル撮影では、長時間シャッターを開け放しにしておくと、ノイズや白飛びが発生してしまう恐れがあるので、比較的短時間露出の写真を連続的に何枚も撮影し、それをソフトウェアで一枚に重ね合わせる方法で仕上げている。この方法を「比較明合成」と呼び、デジタルカメラでの星空撮影の主流になってきている。バルブ撮影やタイム撮影は、シャッターを開けて露光を開始すると、シャッターを閉じるまで画面全体が均一に明るく露光されるのに比べ、「比較明合成」では画面全体の基本的な明るさは一定のままで、暗い背景の中に新たに現れた明るいもののみを重ね合わせて露光していく仕組みになっている。つまり、暗い空は暗いままに、そこを横切る星や飛行機の明かりのみを点や線のように記録した写真が合成できるようになった。

上の写真は、カメラはすべてマニュアル設定にし、レンズの焦点距離は 14㎜、ISO 感度は 400、レンズの絞りはＦ 3.5、シャッター速度は４秒、ホワイトバランスは 3030 度Ｋの撮影条件で、レリーズを用いて連続撮影モードで約２時間撮影し、できあがった 1338 枚の写真を比較明合成をするフリーソフト「Sirius Comp」を使って１枚の写真に仕上げている。なお､「Sirius Comp」の他のフリーソフトとしては、「Kikuchi Magick」もある。なお、保存ファイル形式は処理上の問題もありＪＰＥＧ形式で保存している。

カメラによっては、連続撮影モードでも 100 枚程度で終了してしまう機種があるので、その都度レリーズをセットし直すことが必要になる。町中の空は意外と明るいので、都市の風景と星を同時に撮影するには、ISO400、Ｆ値４、シャッタースピード４秒（４・４・４）を基本にし、それぞれの場所に適応した撮影条件を見つけ、比較明合成をする。なお、都市部では光害が発生し、空の色も光害に左右されるので、ホワイトバランスは 3000 度～ 4000 度Ｋに設定すると、空を青色に表現することができる。町並みなどの手前の風景が明るすぎる場合には､ハーフ ND フィルター（減光）などを利用して、手前の明るさを抑えるのも一つの方法である。

6 富士山遠望

富士見市南畑新田　２月上旬　（Nikon D810 24-70mm　比較明合成 ISO400 f4　４秒×1540枚）

富士山周辺には富士見と名のつく地名が数多く存在する。富士山は、埼玉の山ではないが、埼玉県には富士見市という富士の名を冠した街がある。市名は昭和31年、入間郡鶴瀬村・南畑村・北足立郡水谷村が合併したとき、土地高燥で西に富士山が望めるところであるとして、町名を入間郡富士見村と名付けたことに由来しているという。富士見市からは均整の整った富士の姿が遠望できる。冬晴れの夕暮時、富士山や秩父連山のシルエットが美しい。

写真は、羽倉橋の少し上流の荒川右岸南畑新田付近からの撮影である。羽田空港から八ヶ岳の上空を通る航路があり、午後6時過ぎから2時間余りで40機近くの飛行軌跡が観測できた。比較明合成（コラム・星景写真参照）では、雲は空よりも明るいため、移動した雲の奇跡が白い帯状に表現される。山の端のシルエットを表現するには、残照の時間帯から撮影を開始するとよい。

富士見市南畑新田　２月上旬　（Nikon D810 70-200mm）

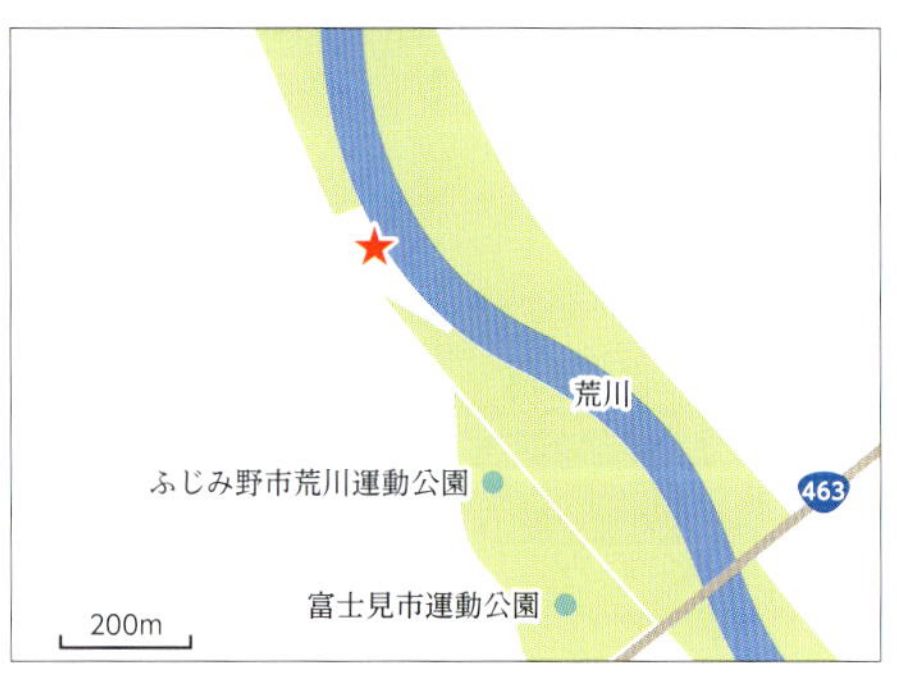

7 月齢のミステリー

深谷市人見　２月中旬　（Hassel 503cx cf150mm）

凛とした冬の冷気の中に冴え渡る月齢二日月。江戸時代は月の満ち欠けの周期を基本とした太陰太陽暦で暮らしていた。太陰暦では月の満ち欠けの周期すなわち一朔望月（新月～満月～新月）が約29・5日であることから、1年が354日になり、今の太陽暦とは11日のずれが生じてしまう。農耕は季節によって行うものであり、季節は太陽によって生じるので、太陽暦のほうが適している。このため、太陰太陽暦では経験知として19年に7回閏月（うるうつき）をいれて1年を13ケ月にし、季節のずれを修正してきた。この閏月の考え方は、古代中国やバビロニアで発見されたそうである。このことから写真撮影上も不思議なことが起こる。写真上は2月20日の撮影だが、太陽暦の同じ2月20日にほぼ同じ形の月で撮影するには19年後でないといけないことになる。月の満ち欠けの周期と太陽暦が一致していないために起こるミステリーである。なお、太陽高度が地平線下12度から18度までの薄明を「天文薄明」、6度～12度の間にある時間を「航海薄明」と言うそうだが、美しい三日月の観察は、天文薄明と航海薄明の間頃が適しているように思える。

深谷市武蔵野　２月上旬　（Nikon D810 24-70mm）

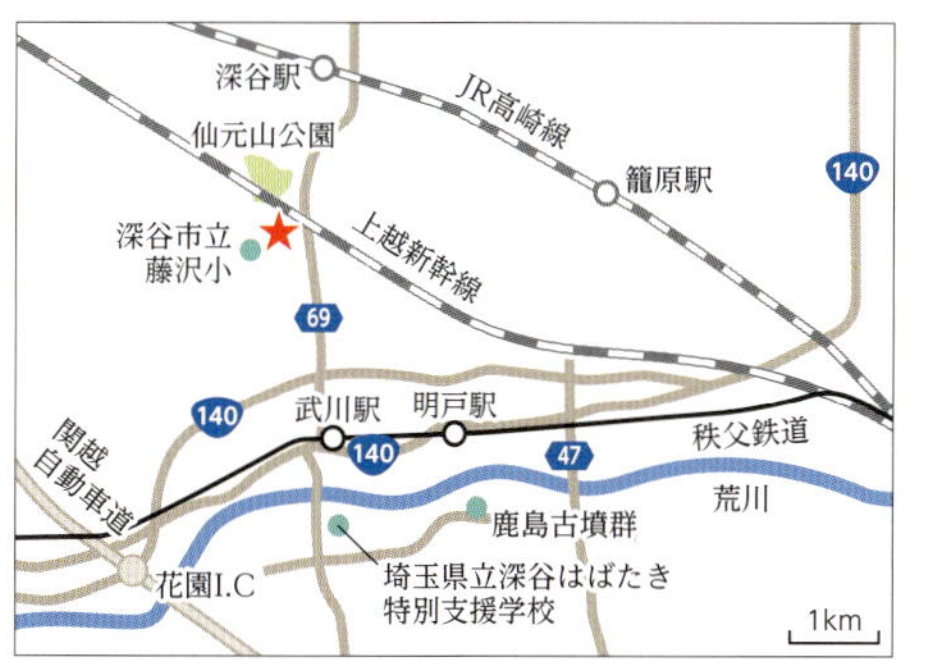

8 三十槌の氷柱

秩父市大滝　２月中旬　(Nikon D800 14-24mm　比較明合成 ISO400 f5.6 ４秒×600枚)

氷柱は岩場から染み出した湧水が外気に冷やされつららになり、徐々に成長して氷の柱になった美しい自然景観である。つららは薄い水の幕がその表面を流れ落ちることにより成長していく。流れ落ちる一部が凍り、残りはつららの先端から滴り落ちる。その際にリングを積み重ねたような波模様を形成することが多い。天然のつららの測定結果によると、波模様の平均波長は約９㎜であるそうだ。気温や気流の乱れがあるほうが波模様が発生しやすく、乾いたつららや融解中のつららには波模様がないという。つららと鍾乳石の類似性は科学的にも指摘されているが、鍾乳石は１㎝成長するのに数十年もかかるが、つららは外気温や風の影響で変化するが、おおよそ１時間で１㎝成長する。奥秩父大滝にある三十槌（みそつち）の氷柱は、ウッドルーフ奥秩父キャンプ場の駐車場に隣接していて、平日は夜７時、土日祝祭日は夜９時までライティングしている。

写真中央の樹木上のオレンジ色の軌跡はオリオン座のベテルギウスである。

9 荒川の白鳥

深谷市本田　２月中旬　（Hassel 503cx cf250mm）

志賀重昂著『日本風景論』では、日本の風景の美点を「瀟洒、美、跌宕（のびのびとして雄大であること）」に分割し、「日本には気候、海流の多変多様なる事」、「日本には水蒸気の多量なる事」、「日本には火山岩の多々なる事」、「日本には流水の浸食激烈なる事」、これら四つの構成要素が日本の風土の印象を決定しているとした。また、本書は山岳の美を説き、その登山を鼓舞しただけではなく、具体的に登山技術を詳しく解説しており、その後の我が国の近代登山に大きな影響を与えている。日本山岳会の3代目会長であり、秩父の山々をこよなく愛した木暮理太郎も、『日本風景論』から甚大な影響を受けたことを語っている。志賀の指摘しているように湿潤で気候も多変する日本にあって、朝夕は美しい様々な景観を描き出す。

写真の白鳥飛来地である深谷市本田の荒川右岸には、大小27基の鹿島古墳群があり、悠久の年月を経て荒川と冬鳥を見守っている。白鳥の飛来は、鳥インフルエンザ等を考慮し餌付けを中止したので、近年は、川本中学校前の荒川や越辺川が飛来地となっている。

深谷市本田　２月中旬　（Hassel 503cx cf250mm）

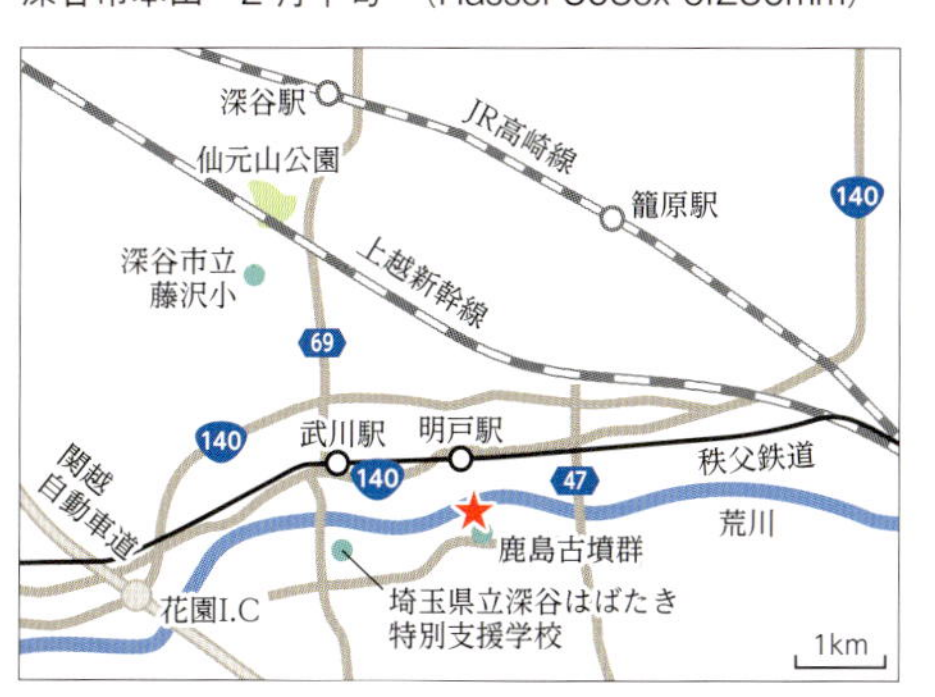

10 浦山川の雪景色

荒川上田野　２月中旬　(Hassel 503cw cf250mm)

平成26年豪雪では、秩父市98㎝、熊谷市62㎝と過去最深積雪を記録した。原因は、日本の南岸を通過してきた低気圧に、関東地方の上空の寒気が影響を及ぼし、暖気と寒気が作用し合い雷雲が発生し竜巻注意情報も発表されるほどに低気圧が発達し、寒気の残った関東内陸や甲信では大雪となった。埼玉県の農業関連被害額は甚大で、農作物・畜産物・農業関連施設等が大きな被害を被った。また、孤立した集落が秩父市・小鹿野町・皆野町・横瀬町等7市町・33地区もあったことから、自衛隊の災害派遣要請も行った。

昨今の異常気象では、過去に経験のない状況が発生することが考えられ、日頃の情報収集と災害時の避難タイムラインなどをあらかじめ個々で定めておいた方が賢明である。

写真は国道１４０号沿いから浦山川が巾着型に湾曲した地点を俯瞰したものである。雪景色の風情を感じることができる程度の積雪であり、クヌギなどの落葉樹に積もった雪は花が咲いたようで繊細な美しさがある。

11 樹氷と武甲山

皆野町蓑山　２月中旬　(Hassel 503cw cf60mm)

蓑山から正面に見える武甲山は秩父盆地の南東隅にそびえる独立峰で、二百名山にも名を連ね遠く関東平野からも望める秩父を代表する山である。『風土記稿』には、武甲山は秩父嶽あるいは妙見山とも呼ばれ、日本武尊が武具を納めた山との伝承も載っている。武甲山で産出する石灰岩は、近世から転石を原料とした石灰焼成に利用されていた。大正6年に西麓の一隅で始まった石灰岩の採掘は、大正13年に秩父セメント工場が創業を始め、昭和40年代には高度経済成長によるセメント需要が急増し、西武鉄道秩父線の開通による三菱鉱業セメントの操業など、石灰岩の採掘量は増大した。昭和50年には山頂の御嶽神社を約30ｍ下に移転をしている。一方、武甲山の石灰岩地に発達する植物群落の特殊性は、昭和26年に「武甲山石灰岩特殊植物群落」として、国の天然記念物に指定されている。チチブイワザクラ、ミヤマスカシユリ、ブコウマメザクラ、イチョウシダなどの石灰岩に由来する珍しい植物が自生している。

写真は、積雪のあった翌朝、蓑山（美の山公園）山頂駐車場から樹氷のケヤキ越しに武甲山を遠望した。

皆野町蓑山　２月中旬　(Hassel 503cw cf50mm)

12 地球照の見える頃

深谷市武蔵野　２月中旬　（Nikon D810 24-70mm ）

『新古今和歌集』に藤原定家の歌として「大空は梅のにほひに霞みつつ　くもりもはてぬ春の夜の月」がある。春の霞んだような丸い月を詠っているように思えるが、春の三日月は杯にたとえられ、お酒が注げるほどに横たわった形をしている。梅の香が微かに香る2月中旬、定家の歌とは異なり、すっきりと晴れ渡った夕暮の空、凛とした三日月が冴える。三日月は太陽光を反射したものだが、よく見ると陰の部分も輪郭が捉えられる。この陰の部分を「地球照」と呼んでいる。三日月頃の月面から地球を見ると地球全面が太陽光に照らされて満月ならぬ満地球の状態になっている。この満地球の反射光が月を照らすため、月の陰の部分が明るく照らされ見えるようになる。計算によると満地球の明るさは、満月の70倍程度になるという。

写真のように空気の透明度の高い日など、「地球照」をはっきりと観測することができる。

写真は深谷市の鐘撞堂(かねつきどう)山の上に現れた地球照の三日月である。

春

⑬ スプリング・エフェメラル

小鹿野町両神堂上　３月上旬　（Hassel 503cw cf250mm）

スプリング・エフェメラルとは、何とも魅惑的な響きをもった言葉である。エフェメラルは「はかない」とか「つかの間の」を意味するので、スプリング・エフェメラルは、つかの間の春の植物ということになり、「春の妖精」などと呼ばれている。スプリング・エフェメラルについての分類学上の明確な定義はないが、各種資料によれば、カタクリ、アズマイチゲ、ニリンソウ、セツブンソウ、ムラサキケマン等の植物が挙げられる。

セツブンソウは、節分の頃に花を咲かせるのでこの名がついている。日本原産の植物で、関東より西の地域に分布し、石灰岩地帯を好み、落葉樹林内の斜面などにまとまって自生する。凍てつくような真冬に芽を出して花を咲かせ、後に葉を茂らせ、木々の新緑がまぶしくなる晩春には茎葉が枯れて地下の球根（塊茎）の状態で秋まで休眠に入る。根は秋頃から地下で伸び始めるが、セツブンソウが地上に顔を見せるのはせいぜい春の3ヶ月程度である。

写真は小鹿野町両神堂上にあるセツブンソウ園であるが、開花の時期は雪によっても変動する。

小鹿野町両神堂上　３月上旬　（Hassel 503cw cf350mmSA）

春

日高市新堀　3月中旬　(Hassel 503cw cf50mm)

⑭ 高麗家の紅白梅

高麗神社、高麗山聖天院、巾着田のある高麗郷は、1300年余りの歴史を有する高麗川の渓口集落である。『続日本紀』には、駿河、甲斐、相模、上総、下総、常陸、下野の七国の高句麗人1799人が武蔵の国に移住し、高麗郡が置かれたことが記されている。高句麗人に関しては『日本書紀』に最初の記載があるが、それよりも以前から日本各地に定住し、開拓技術や農耕技術等において大陸文化を伝えていたものと推察できる。高麗郷については、坂口安吾が著書『高麗神社の祭の笛』で、渡来した高句麗人の歴史から説き起こし、高麗神社の祭の笛の音の詳細な分析を行い、異国に来た亡国貴族たちの悲運を哀調切々なる笛の音に重ねて解説している。高麗家は、代々高麗神社の神職を勤めてきた旧家であり、高麗家住宅は、江戸時代初期の民家として国の重要文化財に指定されている。

写真は、悠久の年月を感じさせる高麗家と生垣に沿って植えられている紅白の寒梅である。

日高市新堀　3月中旬　(Hassel 503cw cf250mm)

15 大伴部真足女と梅林

美里町広木　3月中旬　(Nikon D810 70-200mm)

『万葉集』巻二十に「枕太刀腰にとりはき真憐しきせろがまきこむ月のしらなく」の歌があり、防人として九州に赴く夫の檜前舎人石前に、妻である伝大伴部真足女が詠んだといわれている。この檜前舎人石前の館が美里町広木にあったとされる。美里町には古墳などの遺跡も多く、古代から栄えていたと考えられ、万葉の時代には集落があったと推定される。想像の域を出ないが、万葉の時代から梅花が咲いていたに相違ない。

梅の栽培は、埼玉県の統計資料によると県内全域で行われているが、県西部の越生町周辺、北部の寄居町周辺が主産地である。品種的には「白加賀」が8割以上を占め、観賞用の紅梅などは観光用の梅林に限られている。

写真の梅林は、国道254号線の美里町広木付近を西に入った志度川の流れる丘陵地帯での撮影である。

美里町広木　3月中旬　(Nikon D810 70-200mm)

春

16 越生の梅林

越生町上谷　3月中旬　(Hassel 503cx cf250mm)

『越生梅林の歴史』（越生町教育委員会）には、観応年間（1350～1352）に筑紫太宰府より菅原道真公の神霊を当地の梅園神社に分祀し、その記念として菅原公ゆかりの梅を栽植したところ、この土地が梅に適していたため、次第にこの付近を始め越辺川（おっぺがわ）両岸の不毛の地へ増殖して収益をあげたと記述されている。梅は奈良時代に中国から薬木として渡来し、平安時代には青梅を燻製にした「烏梅」を解毒や下痢止めなどに利用したようである。日本最古の医学書とされる『医心方』にも梅の薬用に関する記述が見られる。また、梅は保存食として優れ、戦国時代には戦場で戦う武士達の貴重な食料でもあった。

越生の観梅については、明治時代に文豪の佐々木信綱一行が来訪し、「入間川、高麗川越えて都より　越し甲斐ありき梅園の里」など3首を詠じている。また、大正時代には田山花袋が訪れ、著書『東京近郊一日の行楽』の中で、梅花の名所として東京付近第一であると評している。

写真は、越生梅林の北方約1㎞にある山道沿いの上谷の梅林である。

越生町鹿下　3月中旬　(Hassel 503cx cf150mm)

17 小川町の桃源郷

小川町上古寺　３月中旬　（LINHOF マスターテヒニカ Schneider150mm）

「桃源郷」は、陶淵明の『桃花源記』に記載されている桃の花が咲く理想郷に由来している。「桃」はこの木の性質として花や実を若木の時から多くつけるので、木偏に兆と書く。兆は億よりも一段大きい単位なので非常に数が多く、生命力のシンボルとして、性や出産とも結びつけられてきた。日本における桃の記述は『古事記』や『日本書紀』に見られる。イザナギノミコトが妻のイザナミノミコトの死を悼み、約束を破って黄泉の国に行き、妻のイザナミの醜い姿を見てしまった。驚いて逃げ帰ろうとすると、イザナミは黄泉の国の鬼たちを差し向けて追ってきた。イザナギは坂本というところで桃の実を３個投げつけたところ、鬼たちを撃退することができた。昔話の桃太郎の鬼退治もこうした桃の持つ鬼払いの効用からきているらしい。

小川町のハナモモは、寒を過ぎた頃から枝切りを行い、室や温室で促成して出荷している。小川町から東秩父村にかけてハナモモの栽培が盛んで随所に桃畑が見られる。

写真は、下古寺から大峰山に向かう山道の途中から俯瞰した風景である。

小川町上古寺　３月中旬　（Nikon D810 24-70mm）

18 梅林の危機

国営武蔵丘陵森林公園　3月中旬　(Hassel 503cw cf180mm)

身近な自然美を長年にわたって維持管理していくことは、様々な困難を乗り越える必要がある。今、日本の梅の木が「ウメ輪紋ウイルス（plum pox virus）」に汚染され、危機的な状況に陥っている。ウメ輪紋ウイルスは、ウメ、モモ、スモモなどのPrunus属の植物に広く感染する植物ウイルスであり、大正4年に欧州で発見されて以来、アジアの一部、北米、南米等でも発生が確認されている。農林水産省によると、平成21年に青梅市でウメ輪紋ウイルスによる植物の病気の発生を国内で初めて確認して以来、都内、大阪府、兵庫県等に広がりつつあり、今のところウイルスには有効な薬剤がなく、ウイルスの感染が確認された地域及びその周辺地域を防除区域に指定し、抜根・焼却等の処置を施している。青梅市の有名な吉野梅郷も、ウイルス対策ですべて焼却されてしまい、華やかな梅林は今はない。県内の梅の名所も存続が心配である。国営武蔵丘陵森林公園の南口エリアには、120品種600本のウメが植栽されており、2月下旬～3月中旬まで楽しめる。3月上旬、見驚（けんきょう）が一際艶やかに丘陵を彩っていた。

国営武蔵丘陵森林公園（見驚）3月上旬　(Nikon D800 70-200mm)

春

⑲ 万葉集とカタクリ

小川町小川　３月下旬　（Hassel 503cw cf120mm）

大伴家持の歌に「もののふの八十娘子らが汲みまがふ寺井の上の堅香子の花」があり、「おおぜいのおとめたちが、入り乱れて水を汲む、寺井のほとりのかたくりの花のなんと美しいことよ。」と解釈されている。『万葉集』には堅香子（かたくり）の花はこの一首しか詠み込まれていないようである。『万葉集』の註釈本『萬葉集註釈』を完成させた仙覚律師は、鎌倉時代の学問僧であり、巻二の奥付けに「文永六年姑洗二日於武蔵国比企郡北方麻師宇郷書写畢」と記されていることから、小川町の「増尾」地区で研究を遂行したとされている。仙覚律師は、万葉の諸写本を校合して定本を作り、これに注釈を加え『萬葉集註釈』として後世に伝えた偉大な研究者である。「仙覚万葉の会」によると、難解な万葉仮名からこのカタクリの名を解読し、万葉時代当時の人々がこの植物を愛でていたことを証明したのも仙覚律師であるという。カタクリの種子はアリが好む成分を含んでいるので、アリの運搬によって繁殖範囲が広がるそうである。また、種子が発芽してから花をつけるまでに7～8年もの年月を要するので、カタクリの群生地を維持していくには、手厚い保護が必要となっている。

写真は、小川町仙元山の北斜面、西光寺付近の群落地である。

春

20 サクラの切り花栽培

東秩父村安戸　３月下旬　（Hassel 503cw cf250mm）

東秩父村は荒川の支流槻川の流域に開けた山村で、東に官ノ倉山、西に大霧山、南に堂平山、北に登谷山等の山々が連なっている。全村が県立長瀞玉淀自然公園に含まれており、風光明媚な山里である。小川町・東秩父村には、ユネスコの無形文化遺産に登録された手漉き和紙技術があり、細川紙の原料となる楮の栽培などが盛んであった。県の資料によると東秩父村では、作付面積の60％あまりが花卉栽培である。園芸品種のサクラとして、オカメザクラ、景翁桜、カワズザクラ等の花々が栽培されている。サクラは切り花として出荷されるので、年によって風景は変化しているが、モモとサクラの競演が楽しめる。

写真は、東秩父村の県道11号線を秩父方面に向かい、安戸橋を北側に渡り東秩父郵便局の先を右折し、北方に１㎞ほど入った山里の風景である。

東秩父村安戸　３月下旬　（Nikon D810 24-70mm）

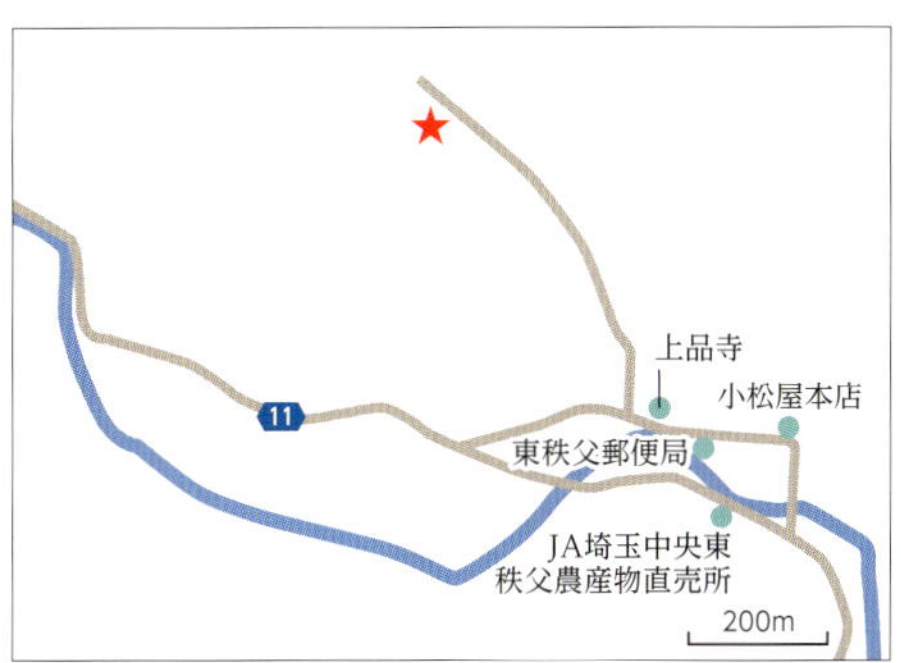

21 梅百花園と武甲山

長瀞町宝登山　3月下旬　(Hassel 503cw cf50mm)

長瀞町宝登山　3月下旬　(Nikon D800 80-200mm)

宝登山(ほどさん)神社の縁起によると、日本武尊が登山の折に猛火に襲われたが、巨犬が火を消し止めたので「火止山(ほどさん)」の名が生じたと伝えている。宝登山は標高497・1mで、山麓には宝登山神社・玉泉寺、山頂には宝登山神社奥宮があり、古くから信仰の山として栄えてきた。また、宝登山のホドとは火処といわれ、金属精錬に関係があるともいわれている。宝登山麓の採銅鉱遺跡を始め、近くの和同開珎で有名な黒谷、隣接の天狗山麓遺跡、荒川沿岸の金山遺跡、金石・金ヶ岳・金尾・金鑽神社などの地名などと総合して考えてみると、鉱物資源が豊かだったこの地に、採掘・精錬技術を持った技能集団が集まり、鉱山が開かれていたとも推測できる。

宝登山山頂の梅百花園には、約170種・500本のウメがあり、奥秩父の山々を背景に、2月中旬から3月下旬まで梅花を楽しむことができる。

春

寄居町用土　３月下旬　（Nikon D810 70-200mm ＋TC-20EIII）

22 ハクモクレンと男体山

モクレンは中国原産の高木で日本への渡来年代は不明であるが、おそらく唐の時代といわれている。モクレンの花がハス（蓮）の花に似ていることから木蓮と表記されたそうである。元来、モクレンは薬用植物として渡来したが、花が美しいので観賞用にも利用されるようになった。生薬として、シトラール、オイゲノールなどの成分を含んでおり、鎮静・鎮痛効果があり、漢方では鼻炎、蓄膿症や頭痛などに用いている。

ハクモクレンの蕾を観察していると不思議なことに気づく。蕾の先端が北を向いているのである。これは春になり、暖かい陽射しを受け始めると、南側の成長がどんどん早まり、花弁が北向きに反るためである。他の植物ではあまり見られないおもしろい性質である。

「白木蓮に純白という翳りあり」。能村登四郎は、完璧の中に滅びが潜んでいるように、純白に咲く中に翳りを見ている。白木蓮の咲き揃った状態はほんの数時間で儚い。ひとたび春の嵐が来ると、純白の花が見る見る朽ちていく。寄居町用土地区は植木栽培が盛んで、日光男体山を背景にハクモクレンが豪華に咲いていた。

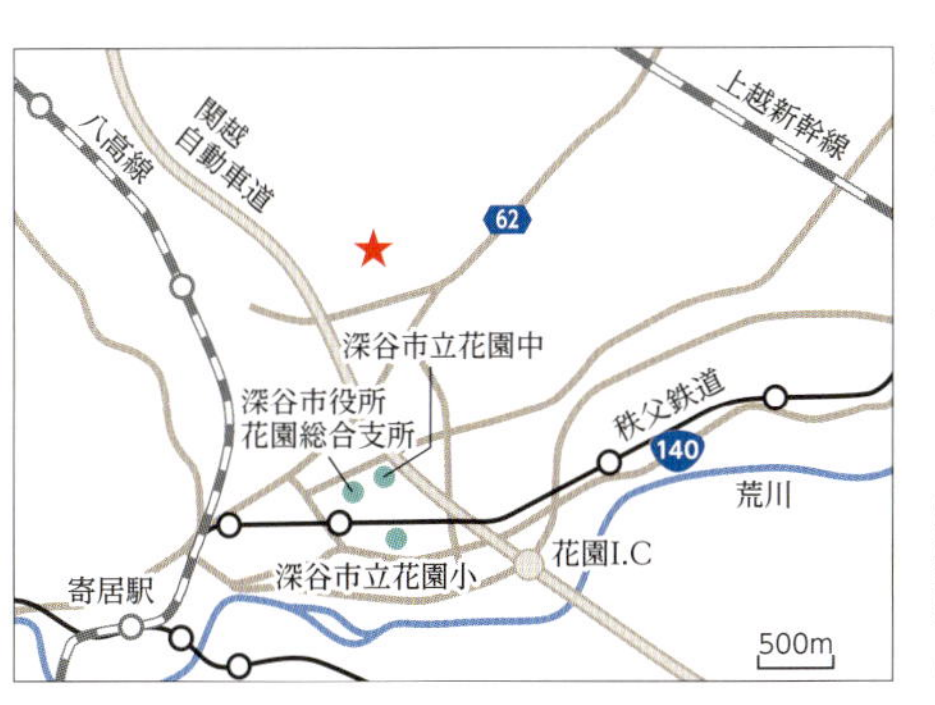

寄居町鉢形　３月下旬　（Nikon D810 14-24mm　比較明合成 ISO400 f3.5 20秒×231枚）

㉓ 鉢形城公園のエドヒガンザクラ

「襟帯山河好　雄視関八州　古城跡空在　一水尚東流」（襟帯山河好し。雄視す関八州。古城の跡空しく在り。一水尚ほ東流す。）田山花袋が寄居町鉢形城跡を訪れたときに詠んだ五言絶句の漢詩であり、紀行文『秩父の山裾』に掲載されている。鉢形城は、深沢川が荒川に合流する付近の両河川が谷を刻む断崖上の天然の要害に立地していた。花袋も「小川町の北を画つた丘陵は、その自然の城壁を成して、その内部を窺ふことを得せしめないやうになつてゐるではないか。北条方はいかやうにもその中で自由な連絡を執ることが出来る。鉢形のこの城を、上杉が持余した筈だ。」と記している。なお、花袋の五言絶句の石碑は昭和29年に建立され、鉢形城本丸跡にある。揮毫したのは当時毛呂山町で「新しき村」を営んでいた武者小路実篤である。

写真は、荒川の正喜橋を渡った鉢形城跡にある樹齢１５０年といわれているエドヒガンザクラであり、株元から12本の幹が成長した美しい樹形となっている。

寄居町鉢形　３月下旬　（Hassel 503cw cf150mm）

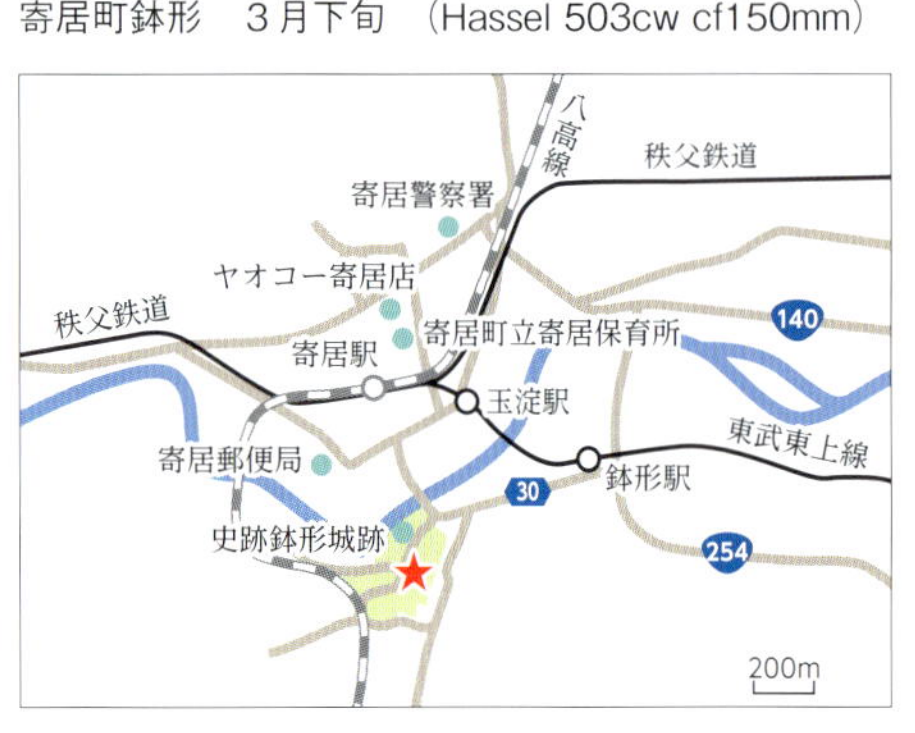

春

24 岩根山のミツバツツジ

長瀞町井戸　３月下旬　(Hassel 503cx cf250mm)

長瀞町井戸にある岩根神社伝によると、崇神天皇の四道将軍の一人で、阿部臣の祖にあたる武沼河別命（たけぬなかわわけのみこと）が、東方十二ケ国の平定時に当地を通った際、濃霧のため道に迷ったが、大山祇命の使いである巨犬が現れ命を導いた。命はここに大山祇命を祀られて奉謝したのが岩根神社の始まりという。

岩根山には樹齢１００年を越すミツバツツジの大群落があり、岩根神社境内一帯が花の山となる。ミツバツツジは群馬の磯部を支配していた磯部家が落城の際に持ち込んだもので、その他は、明治の頃から神職・議部染吉翁によって植栽されてきたものだそうである。岩根山へのルートはやや分かりにくく、荒川右岸沿いの道路から標識に沿って細い山道に入り、１㎞ほど登ったところにある。

長瀞町井戸　３月下旬　(Hassel 503cx cf100mm)

25

清雲寺のシダレザクラ

秩父市荒川　３月下旬　(Hassel 503cx cf250mm)

秩父市荒川　４月上旬　(Hassel 503cx cf150mm)

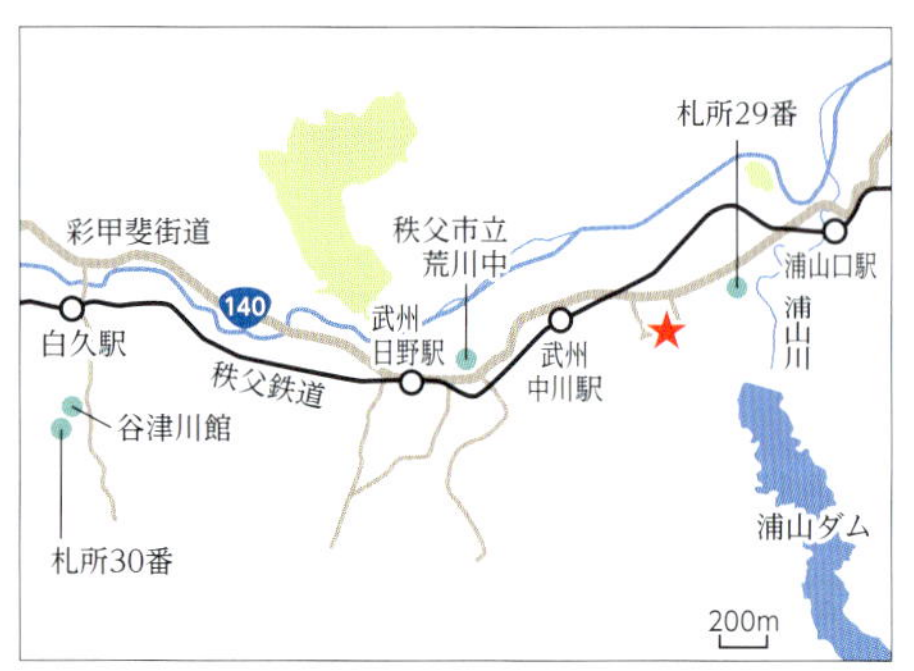

サクラの種類は園芸種まで含めると数百種類にもなるといわれているが、1月には沖縄のカンヒザクラが咲き始め、その後、熱海のアタミザクラ、南伊豆や河津でカワズザクラ、伊豆大島ではオオシマザクラ、身延山久遠寺ではシダレザクラが咲き、秩父清雲寺でもエドヒガンザクラが咲き始める。

清雲寺は、応永30年（１４２３）に創建された臨済宗建長寺派に属する古刹である。境内にある樹齢６００年といわれるシダレザクラは県指定文化財（昭和7年）である。清雲寺境内にある30本ほどの桜の内、エドヒガン系のシダレザクラは3月下旬頃開花する（写真上）。その後1週間ほどしてチチブベニシダレザクラが艶やかな紅の花を披露する（写真下）。

清雲寺は慶応4年（１８６８）京都の公家大炊御門尊正（おおいみかどたかまさ）が殺害された清雲寺事件の舞台にもなっている。

◆コラム◎カタクリ

左：秩父市荒川日野　４月上旬　（Nikon D800 105mmDC）
右上：長瀞町道光寺　３月下旬　（Nikon D810 14 - 24mm）
右下：入間市牛沢町　３月下旬　（Hassel 503cw cf100mm）

『植物生活史図鑑』によれば、カタクリは発芽してから花をつけるまでに７～８年を要すという。カタクリの種子にはアリが好む成分（エライオソーム）が付着しており、アリの活動によって生殖範囲を広げている。また、平均余命は 40 ～ 50 年にも及ぶことが明らかになった。

カタクリの古名堅香子（かたかご）の語源については、発芽後数年間は片葉なので堅（堅は片の意）、葉に白い筋や紫の斑があり､鹿の模様に似ているので鹿子（香子）と説明している。つまり「カタハカノコ」から「カタカゴ」に変化し、花形がユリに似ているので「カタコユリ」になり､「カタクリ」になったようである。

「もののふの八十娘子らが汲みまがふ寺井の上の堅香子の花」（大伴家持）。「仙覚万葉の会」によると、難解な万葉仮名からこのカタクリの名を解読し、万葉時代当時の人々がこの植物を愛でていたことを証明したのも小川町に居を構えていた仙覚律師であるという。

県内の主な群生地としては、写真の荒川日野弟富士（おとふじ）、三峯神社周辺、秩父市吉田の白砂公園、芦ヶ久保の日向山北面、長瀞町の道光寺の北斜面、美里町円良田湖（つぶらたこ）周辺、神川町阿久原、小川町仙元山北斜面、入間市牛沢町など、山野の北向き斜面や落葉広葉樹林の腐植質の多い林床に群生することが多い。

26 深谷のソメイヨシノ

深谷市黒田　４月上旬　(Nikon D800 24-70mm)

深谷には唐沢川周辺、仙元山公園、深谷グリーンパーク、小山川沿い等にソメイヨシノが植栽されている。中でも、写真上の花園インターチェンジ付近のソメイヨシノと菜の花のコラボレーションは美しい。この場所は、荒川の河岸段丘になっており、上面が櫛引台地、下面が御稜威ケ原台地である。段丘面に沿って湧水もあり和ませてくれる場所である。また、深谷市人見にある仙元山は、寄居町を要とする荒川扇状地上に削り残された残丘であり、仙元山公園としてソメイヨシノなどが植樹されており園内を彩っている。

深谷はＮＨＫの「小さな旅」で、橋の多い街と紹介されたが、利根川と荒川に挟まれた場所なので、中小河川がいろいろあるためである。小山川・唐沢川・前川等の河川沿いではソメイヨシノが随所に見られる。

深谷市人見　４月上旬　(Nikon D800 14-24mm)

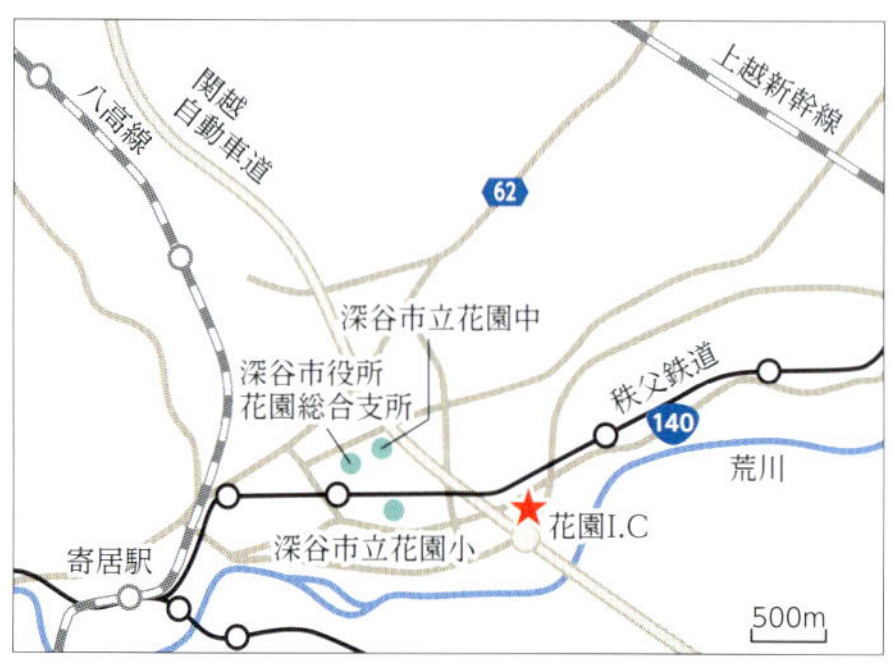

27 利根川と荻野吟子

熊谷市葛和田　４月上旬　（Hassel 503cx cf150mm）

熊谷市葛和田　４月上旬　（Hassel 503cx cf250mm）

利根川は江戸と北関東を結ぶ通運の大動脈として重要な役割を果たしてきた。利根川が関東平野の主要部に流れ出す場所にある妻沼（熊谷市）には、幕府が定めた「関東十六渡津」の一つである葛和田があり、南北方向の交通の要所でもあった。利根川は幾多の洪水を繰り返し、被害と恩恵を与えてきたが、江戸時代からの利根川東遷事業により、日本で最大の流域面積を有する河川となった。

荻野吟子生誕の地である妻沼は、悠々とした豊かな水面をたたえる利根川中流域の水の郷である。渡辺淳一著『花埋み』には、ところどころに利根川の情景が描写されている。吟子が嫁ぎ先の稲村家から実家に戻って静養しているときに襲った洪水の様子、母の死に直面し利根川縁に佇んで人生を回顧する場面等、時代に翻弄されつつも大河のような揺るぎのない信念をもって生き抜く吟子の人生描写を引き立てている。

写真は、熊谷市俵瀬にある荻野吟子記念館近くの利根川の菜の花畑である。

28

都幾川桜堤夜景

嵐山町鎌形　４月上旬　(Nikon D810 24-70mm　比較明合成 ISO400 13秒×279枚)

嵐山町は東西約５km、南北約11・５kmで、町の中央を市野川が流れ、南部には都幾川が東流し、槻川が合流している。市野川の北部は比企丘陵、都幾川と槻川に挟まれた部分が東松山台地、都幾川の南部は岩殿丘陵という地形をなしている。菅谷の菅谷館は鎌倉幕府の有力御家人である畠山重忠の居館とされる。同町は武蔵嵐山渓谷・菅谷館跡・オオムラサキの森などの観光資源があり、都幾川の左岸には国立女性教育会館などの公共施設もある。国立女性教育会館の脇を流れる都幾川には堤に桜並木がある。都幾川右岸の八幡橋から学校橋までの弓状の２kmに、若々しい約２５０本のソメイヨシノが連なっている。畑には菜の花も栽培されており春爛漫でのどかな田園風景となる。

　写真は、都幾川に架かる学校橋上流の右岸からの撮影で、満月に近い夜であったため、あまり星は写り込んでいないが、懐中電灯を揺らしながら散歩をしていた人の軌跡がおもしろい光跡となった。

29 こだま千本桜

本庄市児玉町金屋　4月上旬　（Nikon D810 24-70mm　比較明合成 ISO400 f4 15秒×116枚）

本庄市遺跡調査会の報告によると、本庄市の地形は南東側が三波川結晶片岩帯に相当する上武山地、北西側は神流川扇状地（本庄台地）・烏川低地になっている。また、児玉丘陵が平野部に突出し、生野山・浅見山などの残丘が点在している。児玉丘陵の南側には、松久丘陵が位置し、小河川によって形成された低地帯もあり、その東側には諏訪山・山崎山などの残丘が位置している。本庄市児玉町には、小山川の両側約5㎞に渡ってソメイヨシノが1100本も植樹された「こだま千本桜」があり、川沿いに長く続く桜並木は壮観である。

写真は、秋平橋の少し上流の左岸、ほぼ同じ場所で昼間と夜間のそれぞれの撮影である。写真中央上のサクラに隠れる明るい星は木星である。

本庄市児玉町金屋　4月上旬　（Nikon D810 24-70mm）

30

熊谷桜堤夜景

熊谷市桜木町　４月上旬　（Nikon D810 14-24mm　比較明合成 ISO400 f4 13秒×324枚）

熊谷郷は熊谷氏の名字の地で、開発領主は熊谷直実の父・直貞であったという。熊谷桜堤の歴史は古く、戦国時代に荒川の氾濫に備えてサクラの木を植えたのが始まりという。江戸時代からサクラの名所として人気を得ており、多くの見物客で賑わった。その後、一旦は桜堤が衰退したが、戦後、荒川改修で新しい熊谷堤が築かれると、多くのサクラが植栽され現在の熊谷桜堤になった。改修前の熊谷堤の一部は、万平公園として残されており、当時の面影を残している。熊谷桜堤は、約２㎞、５００本のソメイヨシノで彩られ「日本さくら名所１００選」にも選ばれている。

写真は、熊谷市民体育館脇の荒川土手からの撮影である。万朶のサクラが荒川土手沿いに続く様は豪華でり、夜風に匂うサクラの微かな香りに芳醇な心持ちになる。

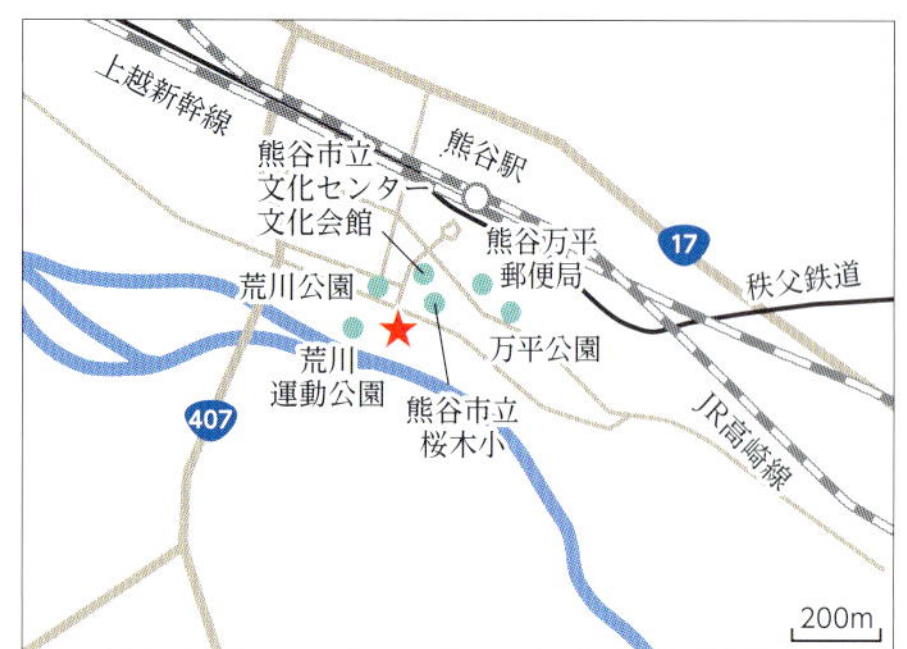

㉛ 原善三郎と天神山

神川町渡瀬　４月上旬　（Hassel 503cx cf150mm）

神川町渡瀬　４月上旬　（Nikon D810 80-200mm）

神川町渡瀬の「天神山」は、明治の豪商原善三郎が故郷の渡瀬に築造した別荘庭園である。善三郎は郷里で機業家へ生糸を売買していたが、文久元年（１８６３）、開港3年目の横浜へ進出し、居留外国商人へ生糸を売り込む委託販売人に昇格した。やがて、横浜商業会議所の初代会頭に挙げられるなど横浜を代表する貿易商となった。善三郎は造園に対しても並々ならぬ興味と関心を持っており、孫娘婿の原富太郎が後年完成させた横浜三溪園や野毛山公園の基礎を築いている。「天神山」は善三郎の思想を今に残す庭園であり、樹齢１００年を越すミツバツツジやカエデが多く、神流川の景観を巧みに取り入れた名園である。この庭園の景観づくりのために、神流川対岸の土地も所有しているという。

写真は、ミツバツツジの咲く頃、御好意により入園させていただき撮影した。

32 むらさき山のミツバツツジ

越生町黒山　4月上旬　(Nikon D810 24-70mm)

越生町黒山　4月上旬　(Nikon D810 24-70mm)

越生町黒山にある「むらさき山」には、およそ１０００株のミツバツツジが植栽されている。「むらさき山」は、黒山三滝入口の反対側の細い山道を少し登ったところにある。林業を営んいる芝崎さんが、10年ほど前から山地を開墾し、個人的にミツバツツジの植栽を続けてきた大きな花園である。園内は歩道が整備されており、20分程度で一巡できる。心温かい御夫婦の共同作業で山を切り開き一本一本ミツバツツジを植栽し、一般の方々に美しいミツバツツジの山を見ていただこうとしている姿には敬服させられる。今後も植栽を続けて拡張していく予定という。

芝崎さんの個人的な取り組みで思い起こすのは、日本を代表する花の名所、福島県の花見山である。花見山も阿部家の個人所有の観光地であり、阿部伊勢次郎氏が昭和初期から花木を植え続け、昭和34年に「花見山公園」として一般開放したことに始まる。一個人が日本を代表する花木の景勝地を形成し、春期には20万人以上も訪れる「桃源郷」に発展させた意義は大きい。

33

花桃の郷

東秩父村大内沢　4月上旬　(Nikon D810 24-70mm)

東秩父村は県西部に位置し、外秩父山地に囲まれた自然豊かな山村である。昭和31年に大河原村と槻川村が合併して東秩父村が誕生し、県内唯一の村となっている。東秩父村では斜面を利用した花卉栽培が盛んで、ハナモモや宿根アスターなどが育成されている。この地域でハナモモの栽培が本格的になったのは昭和50年代からで、地元花卉研究会が中心となり、経営安定や栽培管理の容易さ、地形の有利さなどからハナモモの生産が徐々に広がった。近年本格的に植栽を始めた大内沢地域は、「花桃の郷」と名付けられ、現在では約5千本のハナモモが山郷全体を覆うほどになった。

高台から見渡した南側斜面には随所にハナモモ畑があり、桃源郷を思わせる風景である。村内は林道に沿って一巡することができるため、写真上は村内の林道から、写真下は見晴台から撮影した。

東秩父村大内沢　4月上旬
(Nikon D810 80-200mm)

皆野寄居有料道路
294
釜伏山
かやの湯
釜山神社
361
294
大通領神社
200m

34 羊山公園のソメイヨシノ

秩父市大宮　４月上旬　(Nikon D800 14-24mm)

秩父市大宮　４月上旬　(Nikon D800 24-70mm)

羊山公園の一角に「埼玉緬羊発祥之地」と刻まれた石碑が建っている。石碑によると、昭和10年に埼玉県立種畜場秩父分場を開設し、羊の飼育を開始した。当地は緬羊飼育発展に大きな成果を上げてきた。その後、昭和23年に大里郡小原村に総合種畜場が設置され移転となった。そして、この緬羊飼育地は「羊山公園」として解放され、サクラや芝桜の観光スポットとなった。

また、園内には若山牧水が大正９年に訪れた際に詠んだ「秩父町出はづれ来れば機をりのうたごゑつゞく古りし家竝に」の歌碑がある。牧水が秩父町から妻坂峠を越えて名栗方面へ向かう途中に詠んだものである。羊山公園のサクラの多くはソメイヨシノであり、武甲山を背景に春の情緒を感じることができる。

写真上の羊山公園中央広場は、家族連れなど多くの観光客で賑わっていた。

35 宝登山麓のサクラ

長瀞町長瀞　4月上旬　(Nikon D800 70-200mm)

長瀞町は、(社)日本さくらの会選定の「さくら名所１００選」に選ばれているサクラの名所である。宝登山の由来は、社伝によると、日本武尊が東征した際、山頂に向かっていると猛火に襲われ窮地に陥った。その時、大山祇命の遣わした巨犬が出てきて道案内をし命を助けてくれた。このことから「火止山（ほどさん）」と呼ばれ、その後転じて「宝登山」となったそうである。宝登山麓にはいろいろな種類のサクラが植樹されており、「通り抜けの桜」としても有名である。また、宝登山麓の権田山には、長瀞観光協会が一般の市民からのサクラの苗の寄付を募り、新しい桜山を形成している。

写真は、権田山中腹から宝登山麓のサクラを俯瞰したものである。

長瀞町長瀞　4月上旬　(Nikon D800 70-200mm)

36 桜沢のソメイヨシノ

寄居町桜沢　４月上旬　（Nikon D800 14-24mm）

寄居町に桜沢という地区がある。南は荒川、西部は山地で、北西端に鐘撞堂山がある。武蔵七党の猪俣党に属した桜沢宗氏の名字を地名としたと推定されている。鐘撞堂山山頂から桜沢地区を俯瞰すると、その谷々に新緑に混じって数多くのヤマザクラが点在していて、春の柔らかい南風が遠方に広がる関東平野から吹き上がってきて、何とも心地よい。寄居という地は荒川扇状地の要の部分に位置することもあって、桜沢の山地にあるサクラと関東平野を一望できる風景は格別である。

写真下の国道１４０号から少し北に入った坂本家のソメイヨシノは、山地の中段に植栽され、どこからも目立つサクラであり、坂本家の御厚意により敷地内から撮影させていただいた。眼下に寄居の町並みが広がる見晴らし最高の立地条件であり、サクラの木の下で春の宴を催すそうである。

寄居町桜沢　４月上旬　（Nikon D800 70-200mm）

春

37 蓑山のサクラ

秩父市寺尾　4月上旬　(Nikon D800 70-200mm)

皆野町と秩父市の境界にある蓑山は、標高586・9m、南北5km、東西3kmに及ぶ三波川結晶片岩で形成された独立峰である。名の由来は諸説あり、知知夫彦命が長雨が晴れることを祈って登った際、松の木に蓑を掛けたので蓑山と呼ばれるようになったとか、ダイダラボッチが蓑を置いたところとか、日本武尊が東征のときに蓑をおいたところなどの伝説がある。近年、埼玉県が「美の山公園」として、サクラ・ツツジ・アジサイなどを植栽し、花の名所となっている。

サクラについては「関東の吉野山」を意図し、約8000本のサクラが植栽されている。しかしながら、蓑山のソメイヨシノはテングス病などの被害が広がり、樹勢が衰えている。植生に合致した自然交配種のサクラを植栽し、関東の吉野山を目指して新たな取り組みが始まったが、華やかな美の「関東の吉野山」を形成して欲しい。

皆野町皆野　4月上旬　(Nikon D800 24-70mm)

38 間瀬湖のヤマザクラ

長瀞町野上下郷　４月上旬　（Nikon D810 24-70mm）

本庄市児玉町にある間瀬湖は、昭和12年に建設された間瀬ダム（間瀬堰堤）によって堰き止められた人造湖である。農林水産省によると間瀬堰堤は、東日本に現存する最古の農業用重力式コンクリートダムである。県立上武自然公園の区域にある間瀬湖周辺の景観は、週刊読売主催の「新日本百景」、埼玉新聞主催の21世紀に残したい「埼玉・ふるさと自慢１００選」や「ふるさとさいたま百選」、「利根川百選」、農林水産省の「ため池百選」などに選ばれるなど、地域から愛される名所となっている。ソメイヨシノが咲き終わり、新緑に混じってヤマザクラが咲き出すころ、間瀬湖周辺は特に美しく、へらぶな釣りと相まって埼玉県民の憩いの場となっている。また、県道長瀞・児玉線の頂上付近にある間瀬峠からは、長瀞町や遠く蓑山・武甲山などが一望できる。

本庄市児玉町小平　４月上旬
（Nikon D810 70-200mm）

44
間瀬湖
石神神社
児玉カントリー倶楽部
287
ふれあいの里
いずみ亭
秋山十二天社
陣見山
287
間瀬峠
500m

39 聖天院のサクラ

日高市新堀　4月上旬　(Hassel 503cw cf250mm)

日高市新堀　4月上旬　(Hassel 503cw cf150mm)

『日本書紀』の天智天皇5年（666）10月26日の条にある高句麗から派遣された使者の二位玄武若光は、大宝3年（703）に王姓を賜った従五位下・高麗若光と同一人物とされる。若光は、駿河・甲斐・相模・上総・下総・常陸・下野の各地から移り住んだ高麗人の首長として、未開であった日高の地を開拓したと伝えられている。この若光は高麗明神と崇められ、その子孫は日高市新堀に勝楽寺（現聖天院）を創建し、高麗王若光の菩提を弔った。

写真の聖天院の山門は、天保3年（1832）の建立で、日高市指定文化財である入母屋造りの総欅（けやき）の木造二層の楼門である。万朶のソメイヨシノが山門を覆い隠さんばかりに咲き競っていた。

40 仙元山のヤマザクラ

小川町青山　4月上旬　(Nikon D810 80-200mm)

小川町は南方に笠山・堂平山が聳え、堂平山から北東に延びる尾根は仙元山へと続いている。西方に官ノ倉山、北方に富士山・金勝山が連なっている。昭和53年に手漉き和紙の細川紙が国の重要無形文化財に指定され、細川紙技術者協会が保護団体として認定された。また、平成26年に「和紙　日本の手漉和紙技術」の名称で、本美濃紙・石州半紙とともにユネスコの無形文化遺産に登録されている。小川町は、ハナモモやサクラなどの花卉栽培が盛んな地域である。切花用として山間地に栽培され、隣接の東秩父村と並んで桃源郷のような景観を呈する。栽培種は、イギリスの研究家がカンヒザクラとマメザクラを交配して創りだしたオカメザクラやカワズザクラなどである。

写真は、小川町青山の県道30号沿いからの仙元山で、新緑に混じって風情あるヤマザクラが点在している。

小川町青山　4月上旬
(Nikon D810 80-200mm)

春

41 鐘撞堂山のヤマザクラ

深谷市武蔵野　４月上旬　(Nikon D800 70-200mm)

『寄居町史』によると、鐘撞堂山は、寄居町、旧花園町（深谷市）、美里町の分岐点にある標高３３０・２ｍの山で、戦国時代は北条氏・鉢形城の見張り場で、事あるときには鐘をついて合図したことからこの名がついたそうである。非常時に敵を発見するのに好都合な地理的条件を備えており、この鐘が隣接の鉢形城に伝播され、臨戦態勢を整えたのである。天正18年（１５９０）、豊臣秀吉の小田原城征伐のとき、前田利家、本多忠勝などの軍勢などに攻撃され鉢形城が落城し、ここの鐘も取り去られたといわれている。戦時中、見晴らしのよい鐘撞堂山にはＢ29など敵機の襲来、動向を監視する防空監視哨が置かれた。

また、旧花園町の語源となっている花園城址が南南西に下ったところにある。

写真上のヤマザクラのある鐘撞堂山頂へは、国道２５４号の深谷市武蔵野から西に進み、谷津池駐車場から南コースをたどり徒歩20分程度で到着する。写真下は、登り口の谷津池駐車場からの風景である。

深谷市武蔵野　４月上旬　(Nikon D800 24-70mm)

42 太田道灌と山吹の里

越生町黒山　4月中旬　(Nikon D800 70-200mm)

太田道灌は、鷹狩りに出た際に雨に降られ、近くの小屋に入って蓑を貸してくれるよう申し入れた。すると若い女が無言で山吹の花一枝を差し出した。道灌は花をもらいたいのではない、まことにけしからんと怒った。その後、近臣から兼明親王の歌「七重八重はなはさけども山吹のみのひとつだになきぞかなしき」を聞き、その若い女は蓑のないことを伝えたかったのだと知った。道灌は自分の無学を恥じ、これ以降、歌道に精進するようになったという。この故事の場所は諸説あるが、連歌の達人といわれる道灌の父・道真が越生の龍穏寺に居を構えていたこともあって、越生町東部の越辺川に架かる山吹橋を渡ったところを「山吹の里」としている。数千本の山吹が植栽されており、4月上旬には黄金色に輝く。

写真上は、ミツバツツジの「むらさき山」手前にあるヤマブキの群生地である。

越生町西和田（山吹の里）　4月上旬
(Nikon D810 80-200mm)

龍穏寺
下ヶ戸薬師
61
黒山三滝
200m

43 乙女の湖とヤマザクラ

毛呂山町権現堂　4月中旬　(Nikon D810 14-24mm)

大日本蚕糸会によると、明治から昭和初期にかけて生糸は日本の輸出の40%～70%を占め、近代化の原動力となっていた。昭和初期の世界恐慌は、養蚕によって貴重な現金収入を得ていた農家の人々を窮地に至らせた。不況に喘ぐ農村を救うため、稲作の水利向上と雇用対策を兼ねた公共事業として、昭和10年に灌漑用貯水池「山根溜池」が造られた。山根溜池は、当時の山根・毛呂・川角・大家・入西の五村の水田灌漑を目的に、大谷木川の上流をせき止めて造られた貯水池である。戦後、山根溜池は毛呂山観光協会が「鎌北湖」と呼ぶようになり、山間に静かに佇む美しさから別名「乙女の湖」とも呼ばれている。ソメイヨシノが咲き終わった4月中旬、ヤマザクラがひっそりと湖畔に咲き、乙女の湖としての品格を見せていた。

毛呂山町権現堂　4月中旬
(Nikon D800 80-200mm)

44 瑞岩寺のミツバツツジ

秩父市黒谷　４月中旬　(Nikon D800 24-70mm)

山野に春を告げるミツバツツジの紅紫色の花は一際目立って美しい。花が終わってから枝先に3枚の葉がつくことからこの名がついた。ミツバツツジはやせた尾根や岩場などに生育していることが多く、通称イワツツジとも呼ばれている。「断層に命すがりて岩躑躅」（富安風生）。

国道１４０号の秩父市黒谷の美の山入口を左折すると瑞岩寺に着く。瑞岩寺の裏手には、蓑山南麓の独立した黒岩山がある。急な山道を10分ほど登ると岩山の山頂に着く。山頂付近にはミツバツツジが群生しており、秩父市の天然記念物になっている。ミツバツツジの見頃は4月上旬から下旬であり、山頂からは秩父盆地や奥秩父の山々も一望することができる。これらのミツバツツジは、瑞岩寺の檀家の方々によって維持管理されているが、近年、山頂付近が乾燥してきたためか個体数が減少してきているそうである。

秩父市黒谷　４月中旬　(Nikon D800 24-70mm)

春

45 名栗湖とヤマザクラ

飯能市下名栗　４月中旬　（Nikon D810 80-200mm）

名栗湖を形成する有間ダムは、埼玉県内で最初の多目的ダムとして昭和61年に完成した。中心部を粘土・その両脇を砂や砂利・外郭部を岩石で覆う構造の、中央土質遮水壁型ロックフィルダムである。中心部の粘土質はコア材（遮水壁）とも呼ばれ、このコア材が水をせき止める。その両面に砂や砂利からなるフィルター材が積まれコアが崩れないように支え、さらにその外側に岩を敷き詰めたロック材を幅広く積み、コアとフィルターをささえる。このダムは安定性に優れており、地震や降水量の多い日本のロックフィルダムの大部分はこの方式である。

ヤマザクラの赤茶色の幼葉の芽吹きとそれに合わせて咲く薄桃色の可憐な花には、柔和な美しさが感じられ、古来、多くの日本画家によって色彩美が描かれている。若葉が芽吹きだした頃、名栗湖畔の風情あるヤマザクラが湖面を彩っていた。

飯能市下名栗　４月中旬
（Nikon D810 80-200mm）

46 龍ケ谷のヤマザクラ

越生町龍ケ谷　４月中旬　(Nikon D800 14-24mm)

言い伝えによると、「昔、龍ケ谷（たつがや）には大きな沼があり、悪龍が住んでいた。秩父へ向かう旅人は、沼の側を通らなければならず大変恐ろしがっていた。この話を聞いた太田道灌は、高僧の雲崗俊徳和尚を遣わし、悪龍を改心させた。悪龍は雲を呼び竜巻に乗って天に昇って行ってしまった。」そこでこの地を龍ケ谷と呼ぶようになった。また、雲崗和尚は悪龍が穏やかな善龍になったことを記念して、太田道灌の援助を受けて寺を建立し、「龍穏寺」と名付けたそうである。龍穏寺には、太田道灌の父道真が、暗殺された道灌の遺骨を分骨して葬っており、自身も境内に庵を設けて居住していた。

写真上のヤマザクラは、幹周り３・２m、樹高18m、枝張り東西13・２m、南北20・２mの越生町指定天然記念物である。昭和63年度の『巨樹・巨木林調査』報告書によると、ヤマザクラとしては県内第３位、関東南部では第17位の太さである。越生町龍ケ谷の龍穏寺から山道を１kmほど進み、左手に10分程度登ると巡り逢える。

越生町龍ケ谷　４月中旬　(Nikon D800 70-200mm)

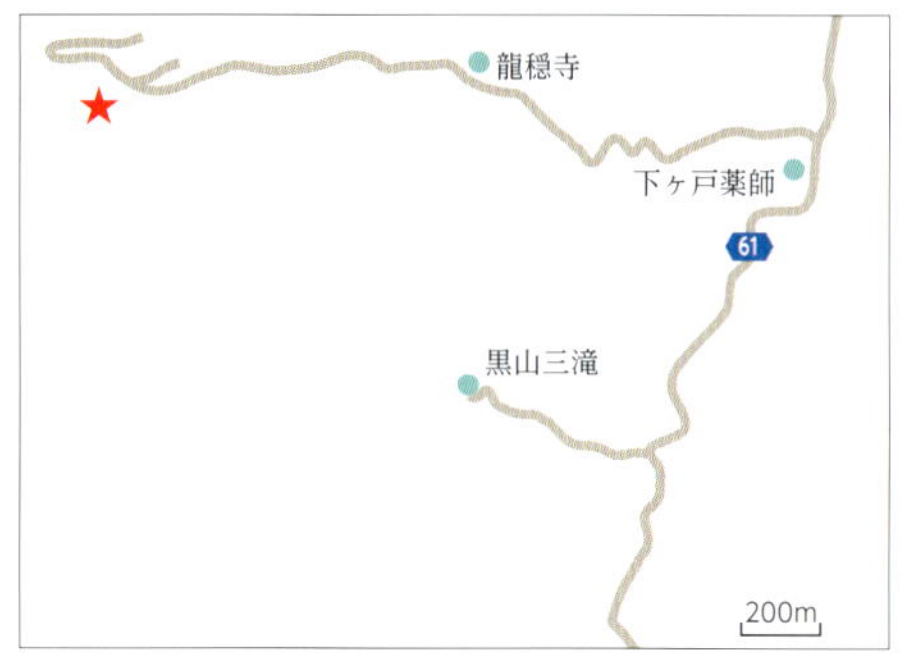

47 三峰山のオオヤマザクラ

秩父市三峰　４月中旬　（Nikon D810 24-70mm）

『埼玉県植物誌』によると、奥秩父で見られるサクラとして、チョウジザクラ・イヌザクラ・ウワミズザクラ・ミヤマザクラ・カスミザクラ・タカネザクラ・ヤマザクラ・エドヒガンなどが報告されている。三峯神社に通じる三峰観光道路沿線には、オオヤマザクラが数百本植樹されており、美しい淡紅色の桜並木が続いている。オオヤマザクラの別名は、その華麗な花の色からベニヤマザクラとも、東北や北海道を代表するサクラなのでエゾヤマザクラとも呼ばれている。オオヤマザクラは本州では、ヤマザクラより高地の標高７００ｍ～１５００ｍに多く見られる。三峯神社の説明によると、旧大滝村の山口芳夫村長が、ソメイヨシノは鷽（うそ）などの鳥類が花を食べてしまい花付きが悪いので、鳥に食べられないオオヤマザクラを植栽したのだそうだ。県内にはこれだけのオオヤマザクラを有する場所はなく、貴重な存在である。

深谷市沼尻　4月中旬　(Nikon D800 24-70mm)

小山川は皆野町女岳（めだけ）西麓を源とし、美里町・旧岡部町・本庄市・深谷市・旧妻沼町を流れ、利根川に合流する流長36・4㎞の一級河川である。『郡村誌』によると、かつては志戸川との合流部から上流は見馴川（みなれがわ）と呼ばれていた。見馴川は『武蔵志』では身流川と記されているが、坂上田村麻呂が退治した大蛇の骨だけが残り、身は川を流れ下ったことに由来するという。小山川の下流部（深谷市・旧妻沼町）は蛇行が著しく湛水（たんすい）の害が頻発したが、大正期の河川改修によって改善された。

菜の花は、若い茎葉を食用にするときはアオナ、花を主としてみているときはナノハナ、種子から油をとるときはアブラナ、あるいはナタネといっている。全国的に菜の花畑が広がっていったのは、油をとるためである。「菜の花の中に川あり渡し舟」（子規）。

4月の上旬～中旬にかけて、深谷市から旧妻沼町に至る小山川堤防は、黄金色の絨毯を敷き詰めたようになる。

深谷市成塚　4月中旬　(Hassel 503cx cf250mm)

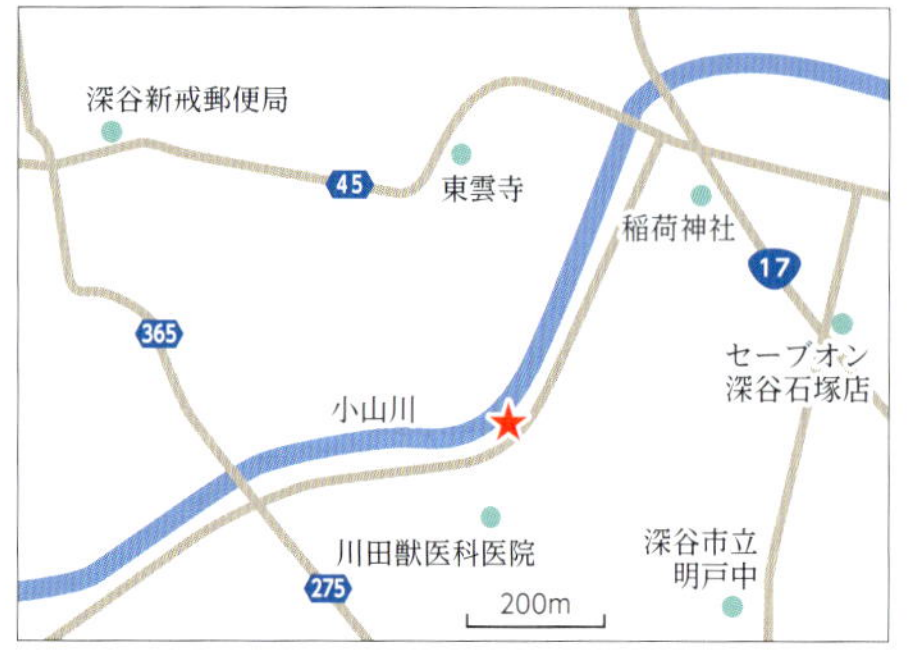

◆コラム◎春の見沼田んぼ

上左：トサミズキ　４月上旬　(Hassel 503cx cf150mm) ／上中：レンゲ　５月上旬　(Hassel 503cx cf80mm)
上右：サンシュユ　３月下旬　(Hassel 503cx cf250mm) ／中左：コブシ　３月下旬　(Hassel 503cx cf250mm)
中中：ツクシ　３月下旬　(Hassel 503cx cf150mm) ／中右：新緑　４月上旬　(Hassel 503cx cf250mm)
下左：ダイコンソウ　４月上旬　(Hassel 503cx cf150mm) ／下中：ユキヤナギ　４月上旬　(Hassel 503cx cf150mm)
下右：ハナモモ　４月上旬　(Hassel 503cx cf250mm)

縄文時代の見沼田んぼ周辺地域は、沼地か東京湾の入江であり、その後も利根川や荒川の影響を受けた沼地や低湿地帯であった。その後、江戸時代に下流域の水害を防ぐために利根川東遷と荒川西遷工事が行われた。その結果、水害から解放された広大な耕地が生まれたが、逆に水不足となってしまった。そのため、下流域の農業用水を確保する目的で「見沼溜井（ためい）」を築造した。その後、享保の改革の新田開発事業により、見沼溜井が干拓され見沼田んぼが誕生したという。

近年、見沼田んぼは農業生産の場であると同時に、市民共有の環境資産として認識されている。見沼田んぼの保全活動は、ＮＰＯ法人や教育機関などの 20 あまりの団体で構成する「未来遺産・みぬまたんぼプロジェクト推進委員会」が中核となって実施されている。同委員会は、平成 26 年に日本ユネスコ協会連盟の「プロジェクト未来遺産」に県内２例目として選ばれている。

49 金尾山のヤマツツジ

寄居町金尾　４月下旬　(Nikon D800 24-70mm)

「ひとひとと　うえし苗木よ　年とともに　くにのさちともなりてさかえよ」。昭和天皇と香淳皇后両陛下が昭和34年国土緑化を目的とした全国植樹祭で、寄居町金尾山を訪れた際に詠まれた歌である。写真中央のヒノキが、このとき植樹されたものである。『寄居町史』によれば、ここ金尾山は戦国時代、鉢形城の支城として要害山城があった場所で、昔からツツジが自生していたそうである。明治時代以降、地元住民が奉仕でツツジや桜を植え、金尾愛郷会、金尾保勝会、寄居町観光協会金尾支部と代々引き継がれ、約５０００株ほどの見事なヤマツツジが維持されている。「むら和して守りしつつじ金尾山　永久に香れよ　紅の花」(金尾支部)。平成25年には、第37回全国育樹祭が開催され、皇太子殿下が金尾山県有林を訪問され、昭和天皇、皇后両陛下がお手植えされたヒノキのお手入れをされた。金尾山山頂からは、ヤマツツジの群落の遠方に荒川の流れと寄居の町並みが俯瞰できる。金尾山は、秩父鉄道波久礼駅から徒歩15分、標高２２５ｍの小高いツツジ山である。

寄居町金尾　４月下旬　(Nikon D800 70-200mm)

深谷市武蔵野　４月下旬　（Nikon D810 24-70mm）

50 鐘撞堂山のヤマツツジ

ヤマツツジは、低山・丘陵に自生しており、新緑の葉と朱赤色の花が絶妙に補完し合っていて実に見事な色合いを醸し出すツツジである。野趣あふれるヤマツツジの花は清涼感を感じさせてくれる。ヤマツツジは昔から人々の暮らしの中にあった。民俗学者の柳田国男は、『年中行事覚書』の中で、和歌山県の日前國懸神宮（ひのくまくにかかすじんぐう）や木曽の村々では旧暦の４月８日にヤマツツジを供える風習があったことを伝えている。この時期は苗代を準備する時期でもあり、農耕民族である先祖の人々は、田の神にヤマツツジなどを供えて五穀豊穣を願った。

　秩父盆地より北で荒川の左岸の山地を上武山地と呼ぶが、上武山地の末端に位置する鐘撞堂山は、『寄居地域の地質』によると、三波川変成帯に属し、主に泥質片岩から成り立っている山体である。登山道は何本かあるが、谷津池（農業用溜池）の近くの駐車場に車を置き、南コースを辿れば朱色のヤマツツジや紫色のスミレが登山道で出迎えてくれる。鐘撞堂山には毎日登山している人々もいて、憩いの場として地域から愛されている。

深谷市武蔵野　４月中旬　（Nikon D800 70-200mm）

51 長瀞岩畳のフジ

長瀞町長瀞　4月下旬　(Nikon D810 24-70mm)

フジは『古事記』に記載があるように、古来から実生活と結びつきつつ、鑑賞用としても重要な位置づけであった。『万葉集』にもフジの歌が28首も収められている。「ほととぎす鳴く羽触にも散りにけり盛り過ぐらし藤波の花」（大伴家持）。フジを庭に植えて鑑賞し、フジにホトトギスを組み合わせ、フジの花を美しい女性にたとえている。清少納言も『枕草子』の中で、「色あい深く花ぶさ長く咲きたる藤の花の、松にかかりたる……」とフジの花を賞賛している。『源氏物語』でもフジの花を気品高い美人にたとえていることが多い。

長瀞岩畳に咲くフジの花は自然に根付いたもので、観光協会によれば約400株、約3000本のフジが群生している。長瀞は、明治時代初期、東京帝国大学のナウマン博士が地質調査をしたことなどから、「日本地質学発祥の地」とされている。

長瀞町長瀞　4月下旬　(Nikon D800 24-70mm)

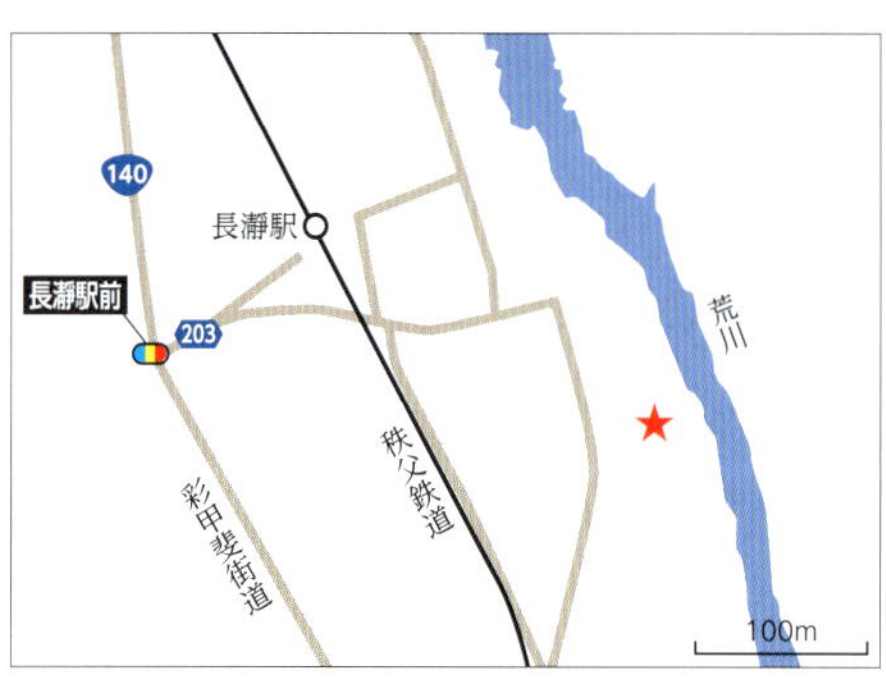

52 鴻巣東小学校の大ケヤキ

鴻巣市鴻巣　４月下旬　(Hassel 503cw cf50mm)

武蔵野には埼玉の県木のケヤキが多く見られるが、そこにはいくつかの理由がある。第一にもともとケヤキが自生していた上に、江戸時代から材を船や橋げたに使い、枝は海苔粗朶（のりそだ）に使うという有用樹であるため幕府が植栽を奨励したこと。第二に江戸時代の初めに、幕府は「五街道」の改修を行って一里塚の制を敷き、江戸日本橋を起点として一里（約４㎞）ごとに道の両側に塚を築いて、エノキかケヤキの木を植えさせたこと。第三に江戸時代、ケヤキ材は「御禁木」、または「御止木」と呼ばれ、江戸幕府によって民家に使用することが禁じられていたこと。などが挙げられる。

昭和41年に「埼玉県の木」に指定されたケヤキは、県内各地で美しい景観が楽しめる。国道４６３号線沿いの２４００本あまりの並木、旧大宮市や三芳町にも素晴らしいケヤキ並木がある。また、季節風の風除けとして屋敷林の一部にケヤキが植栽されているところも多い。威風堂々とした壮年期のケヤキを求め、県内各地を探したところ、鴻巣東小学校の校庭にある樹齢１５０年を越える大ケヤキに出逢うことができた。

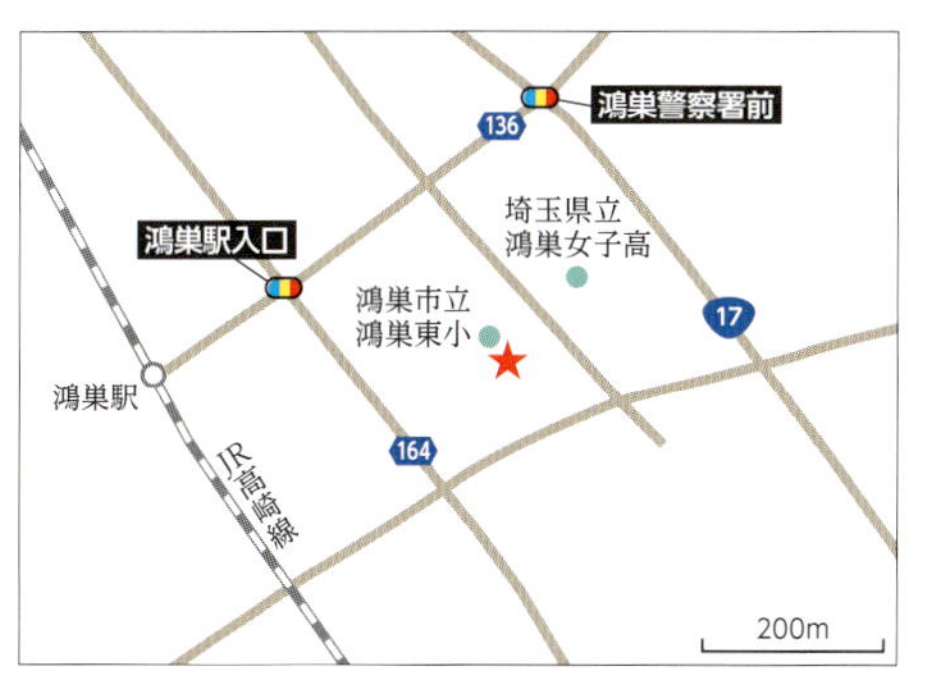

53 慈光寺のシャガ

ときがわ町西平　４月下旬　(Hassel 503cw cf50mm)

シャガの学名は（Iris japonica）であり、アイリス（Iris）はギリシャ語の「虹」を意味するので、シャガは「日本の虹」という美しい名前をもっている。シャガの花は谷間や林内の日陰に浮き立つようにしっとりと美しく咲く。「紫の斑の仏めく著莪の花」高浜虚子は品格のある紫の斑から仏を連想し慈悲深さを感じたのであろう。

中里恒子著『鱗錦の局、捨文』は、人間の嫉妬欲望の争いを、比企一族の栄枯盛衰に織り込んで表現している。比企一族は武蔵国比企郡に領地を持った豪族であり、源頼朝の不遇の時代、家庭的な世話をしていたので、開幕後源頼朝に招かれて鎌倉比企ヶ谷に屋敷を構えた。比企の局は頼朝の乳母であり、比企（ひき）能員（よしかず）の娘は二代将軍源頼家の正室若狭の局になっている。比企一族は頼家将軍の外戚で権威を誇ったが、同じく外戚の北条氏との抗争に敗れ、「比企能員の変」で北条一族の謀略により無残に滅ぼされてしまった。比企一族の非業の死を弔うべく、鎌倉比企ヶ谷に妙心寺が建てられた。また、比企一族の所領にある慈光寺は、北条政子も参詣し寄進で寺が建て替えられたそうである。比企一族の女たちはシャガのごとく慈愛に満ち、しとやかでつつましやかな容貌であったという。

写真は比企郡ときがわ町の慈光寺境内一面に咲くシャガの花である。

54 彩の国ふれあい牧場のヤマザクラ

東秩父村坂本　4月下旬　(Hassel 503cx cf250mm)

サクラという言葉は「サ」と「クラ」が合わさったもので、「サ」は穀物（稲）の精霊、「クラ」は神が座す場所、冬が終わり穀物の精霊が最初に舞い降りてくる場所。それが「サクラ」であるという。桜の種類は、自生種と園芸品種を合わせると300種以上にもなる。「どのサクラが好みですか?」と問われても、正直そこまで深く様々なサクラを愛でたわけでもないので困ってしまう。京都の「桜守」佐野藤右衛門は、数あるサクラの中で、人知れず咲くヤマザクラこそ、最高の花見であると言っている。

また、水上勉の小説『櫻守』のモデル笹部新太郎も、『古代より日本の文芸・伝統芸能に表れたる「桜」はヤマザクラのことであり、昨今氾濫しているソメイヨシノでは断じてない……』とソメイヨシノの台頭を憂いている。ソメイヨシノもすばらしいサクラには違いないが、両者ともにヤマザクラを賞賛している。

彩の国ふれあい牧場の周辺にはヤマザクラが多く分布し、牧場の形状も手伝って、一層ヤマザクラが引き立つ風景となっている。

写真のヤマザクラは、彩の国ふれあい牧場から東秩父村坂本地区に下る途中の林道から撮影したものである。彩の国ふれあい牧場内には麗しいヤマザクラが点在している。

55 蓑山のヤマツツジ

皆野町皆野　5月上旬　(Nikon D810 24-70mm)

ツツジにも様々な種類があるが、野趣あふれるツツジの王道はヤマツツジであろう。『万葉集』には、「白つつじ」が3首、「岩つつじ」が2首、「丹つつじ」が1首、「つつじ花」が3首、詠まれている。この中の「つつじ花」は「にほへる」を導く枕詞として使われていることなどから、ツツジの花の美しさが万葉の時代から喩えに使われていたようである。また『源氏物語』の巻21少女第7章に、造営した庭に岩躑躅（つつじ）が植栽されている様子も記されており、ツツジは春の美しさを身近に感じる植物の一つであった。

蓑山は三波川結晶片岩で形成された独立峰である。蓑山の山麓には「出牛―黒谷断層」がある。「黒谷・和銅遺跡」から出牛を通り群馬県の鬼石までのびている。この「出牛―黒谷断層」の断層破砕帯に自然銅が産出したようである。

写真は、蓑山山頂北側に多く自生しているヤマツツジである。ヤマツツジは、二本木峠や鐘撞堂山などにも見られるので、結晶片岩の土質を好む性質があるのだろうか。

秩父市黒谷　5月上旬　(Nikon D810 24-70mm)

56 神流湖畔のヤマザクラ

神川町矢納　5月上旬　(Hassel 503cw cf250mm)

桜の美意識が最初に現れるのは『日本書紀』の十二巻「履中紀」と十三巻「允恭紀」である。「池に船を浮かべて酒宴を開く履中天皇。天皇の持つ杯に桜の花びらが舞い落ちる・・・。」「花細し 桜の愛で 同愛でば 早くは愛でず 我が愛づる子ら」。ここに現れる桜花観は、帝の治世を寿ぐ瑞祥であり、生命輝く美しい女性の姿である。桜と帝の饗宴とを結びつけた記述は、樹下で酒杯を挙げる風習の源流になっているようにも思える。

神流川（かんながわ）沿いに位置し、北は群馬県に接している神川町はヤマザクラの宝庫である。特に神流湖の南岸には広葉樹林が多く、新緑の頃のヤマザクラは雅な趣さえ感じられ清々しい美しさがある。神川町登仙橋から城峯公園を経て、神流湖南岸を巡り、登仙橋に戻る周遊コースは、「関東ふれあいの道」に指定されており、随所でヤマザクラが堪能できる。

写真は、神流湖の南岸を走る林道で出逢ったヤマザクラである。

神川町矢納　5月上旬　(Hassel 503cw cf150mm)

57

城峯公園のヤマツツジ

神川町矢納　5月上旬　（Nikon D800 14-24mm）

ツツジについては『枕草子』の中に、「汗衫（かざみ）は、春は躑躅、桜、夏は青朽葉……」の記述がある。汗衫とは公家童女が着用した単（ひとえ）仕立ての表着のことで、童女が春に着る上着の色として、清少納言は薄紅の桜色とともに躑躅色が良いと推奨している。童女とツツジを重ねると、また異なった風情でツツジを楽しむことができる。

神川町にある城峯公園は、旧神泉村が下久保ダム建設に伴い造営したものであり、ヤマツツジ・八重桜・冬桜（十月桜）などの花々が咲く美しい公園である。眼下のL字型の下久保ダムは、全国的に珍しく、北海道の砥山ダムと二つのみである。ダムの貯水池は神流湖と呼ばれ、利根川の洪水調節に対して重要な使命を担っているほか、利水面でも首都圏の水道用水、工業用水をはじめ下流の農業用水に寄与するところが大きく、「ダム湖百選」にも選ばれている。

神川町矢納　5月上旬　（Nikon D800 14-24mm）

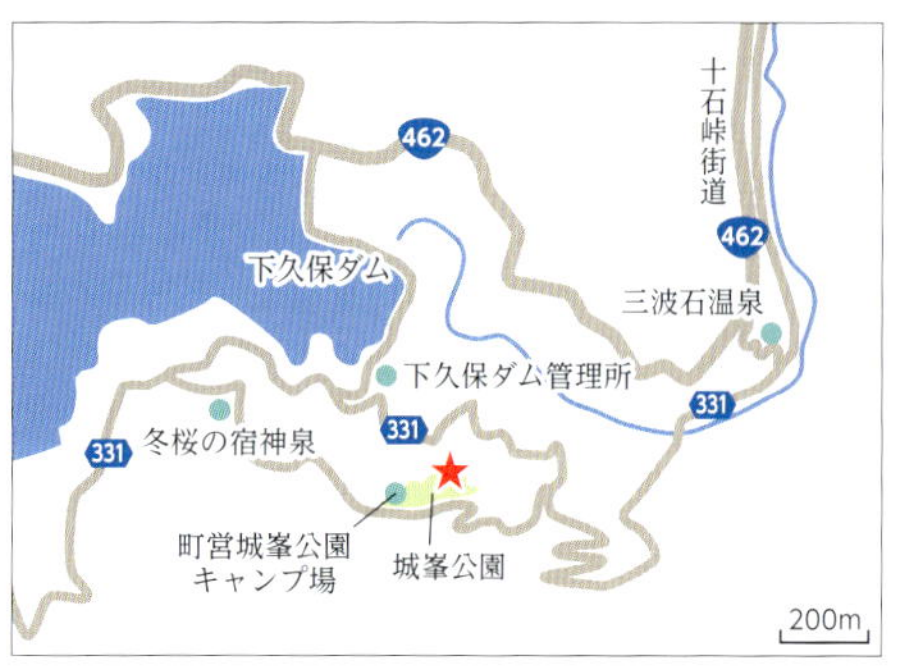

58 大陽寺のシャクナゲ

秩父市大滝　5月上旬　(Nikon D800 24-70mm)

シャクナゲの名の起こりは、枝が曲がっていて一尺にも達しないという意味と、この枝でつくった箸を使うと、癪がすぐ治るので「癪を投げ捨てる」に通じるとか、この木に隠れて難を避けた「避難儀」に由来するなど諸説がある。シャクナゲは深山や高山などで、あまり人目に触れることなく風雪に耐えてひっそりと咲く深窓の令嬢のような慎ましさの中に凛とした気品をもつ花木である。ただし、葉には毒性があり、誤って食すると食道の灼熱痛や嘔吐・下痢を起こすそうである。

大陽寺のシャクナゲは、住職によると自生していたものの他、植栽もされて数百株の大群落となったそうである。

写真は大血川林道を登り、右折すると大陽寺に至る分岐点付近を左折し、少し登ったところにある浄水場周辺に咲くシャクナゲであり自然の雅味がある。

秩父市大滝　5月上旬　(Nikon D800 24-70mm)

59 二本木峠のヤマツツジ

東秩父村坂本　５月上旬　(Nikon D810 24-70mm)

ツツジは『万葉集』にも詠まれており、平安時代から愛でられた花である。新緑に融け込むその花の色合いは、ヤマツツジの魅力でもある。長崎盛輝著『かさねの色目』に、平安の配彩美についての記述がある。平安貴族は、自然への融和を第一に考え、服飾の美を自然の美に求め、「染色」「織色」「重色」の色彩を創り出してきた。特に、かさねによる配色効果は、主導的な表の色に間接的な裏の色が影響して、微妙な重層色の「かさねの色目」を生み出した。例えば白と蘇芳で「梅」、白と赤で「桜」を表現している。四季を通じ様々な色目があるが、蘇芳と萌黄のものを「躑躅」としている。蘇芳は南方諸国に生育する植物の蘇芳を染料として染めた紫紅色、萌黄は藍と刈安（イネ科の植物）で染めた若葉色である。

写真は、日本武尊が東征の折、この地で使った箸から根が出て、二本の杉の大木に育ったと伝えられる外秩父の二本木峠付近に自生するヤマツツジである。二本木峠へは東秩父村坂本から細い山道を登るのが最短である。

東秩父村坂本　５月上旬　(Hassel 503cx cf150mm)

◆コラム◎春の草花

上左：寄居町風布のニリンソウ　５月上旬　(Nikon D810 120mm マクロ)
上右：寄居町風布のムラサキケマン　５月上旬　(Nikon D810 120mm マクロ)
中右：滑川町国営武蔵丘陵森林公園のシュンラン　３月中旬　(Hassel 503cw cf120mm)
下左：寄居町風布のヤマブキソウ　５月上旬　(Nikon D810 120mm マクロ)
下右：小川町小川のアズマイチゲ　３月下旬　(Hassel 503cw cf150mm)

ニリンソウは１本の茎から２輪ずつ花茎が伸び白い可憐な花を咲かせるのでその和名の由来となっている。県内のニリンソウの分布は、外秩父山地・上武山地・奥秩父山地などである。ムラサキケマンのケマンとは華鬘と表し仏堂における荘厳具であるが、元来は生花でつくった装飾具であるという。ムラサキケマンの分布は全県下に観察される。ヤマブキソウは花の色がヤマブキに似ていることから命名されている。県内の分布については不明であるが、平野から低山の落葉樹林に生える多年草である。シュンランの名称の由来は「春蘭」で、春に咲くことからこの名がある。県内の自生地は激減したそうである。森林公園という保護区での撮影である。アズマイチゲは１本の花茎の茎頂に一つだけ花をつけるので一華(いちげ)、東日本に自生するという意味で東(あずま)である。県内分布については不明であるが、カタクリと一緒に咲いていることが多い。

60 吉田の天空集落

秩父市吉田石間　５月上旬　(Nikon D800 70-200mm)

秩父市吉田石間　５月上旬　(Nikon D800 24-70mm)

天空集落というと、飯田市上村にある「下栗の里」が日本のチロルとして有名であるが、秩父市吉田（旧吉田町）にも天空集落がある。城峯山へ向かう途中の石間川上流に「沢戸集落」と「半納集落」があり、急峻な山肌に寄り添うように拓けた天空集落である。沢戸集落は農林水産省の「美しい日本のむら景観コンテスト」で全国農業協同組合中央会長賞を受賞しており、自然石で積まれた石垣の上に建てられた住居や、百年前と変わらぬ狭い段々畑の地形などが美しい。

また、吉田石間は秩父郡の農民が政府に対して武力蜂起した「秩父事件」発祥の地である。秩父事件で秩父困民党と政府軍との間で激しい山岳戦が行われた場所が、半納集落付近である。過疎地域における交通・生活環境の厳しさを克服し、自然と共生する集落の人々に力強い存在感を感じる。

写真は半納集落から沢戸集落を俯瞰したものである。沢戸集落・半納集落へは、県道３６３号を上り詰めると到達する。

神川町矢納　5月上旬　(Nikon D810 70-200mm)

61 矢納のキリの花

キリの名は「切り」に由来しているといわれる。『大言海』によれば、「キリ、桐　伐るの名詞形……伐り込めば、初めより一倍も栄ゆとて、桐一倍という諺もあり。」と記している。初夏の候、枝いっぱいに淡紫色の花をつける様は、芳香とともに上品で優雅な雰囲気である。キリは文学にも古くから登場し、『源氏物語』では「桐壺」として登場し、桐壺更衣の子が絶世の美男「光源氏」である。紫式部も上品なキリの花に心惹かれたのであろう。また、清少納言の『枕草子』にも記述があり、キリの花の趣とともに、琴作り材としての優秀さを賞賛している。

キリは瑞祥木として尊ばれているが、沼田頼輔著『紋章学』によれば、瑞祥としての桐と鳳凰は中国思想に由来しており、鎌倉時代に朝廷が菊花紋及び桐紋を用いるようになって以降、桐紋は瑞祥的な紋章としてのみならず皇室及び時の権力者の紋章として権威ある位置づけとなった。

桐材は、軽さ・耐火性・耐朽性・音響性などの優れた特性と加工のしやすさや狂いの少なさ等により、タンス・長持ち・家具一般・楽器・下駄・羽子板などで昔から重用されてきた。

写真は、神川町矢納の山道でめぐり逢ったキリの花である。下久保ダム周辺には、キリの花が随所に見られ、初夏の山里を彩っている。

62 横瀬川の地層

秩父市黒谷　5月上旬　(Nikon D800 70-200mm)

地層は、地球内部に開かれた窓である。地層を調べることにより、その地域の成り立ちが解明でき、過去から現在に至る時間的・空間的な遷移が理解できる。「地球の窓」といわれる秩父長瀞、荒川に沿って地質学的に貴重な地層や鉱物が散見できる。堀口萬吉著『日曜の地学』によれば、横瀬川が荒川に合流する和銅大橋付近の地層の縞模様（写真）は、おおよそ1500万年前の地層で、砂岩と泥岩の互層構造が傾斜して地表に現れたものである。鷺が巣を作りやすい地層なのか鷺巣層と名付けられている。手前荒川の浅瀬で一羽の鷺がちょうど獲物を狙っていた。この鷺巣層は離れた小鹿野町の「ようばけ」でも姿を現しているので、秩父地方の大きな地殻変動や地層の広がりを感じさせる。合流地点の地形は、長い年月隆起している河床を、横瀬川が削り続けてこのような特異な景観を形成したものである。

春

63 返礼のハナミズキ

深谷市上柴町　5月上旬　(Hassel 503cw cf150mm)

ハナミズキの花言葉は「返礼」、明治45年に尾崎行雄東京市長がアメリカ合衆国にサクラの苗木を寄贈した返礼として、大正4年に日本に送られた日米親善の花木として有名であり、これが日本渡来の最初である。ハナミズキはアメリカの国樹的な存在となっており、アメリカ産の花木類の中でいちばん美しいものとされている。ハナミズキの英名は「ドッグウッド」で、この樹皮の煎汁を犬の皮膚病に用いたことに由来する。また、肉を焼く串にこの枝を使ったのでダッグウッド（Dag Wood）と言ったので、ドッグウッドに訛ったとする説もある。

近年、街路樹としてハナミズキを植栽しているところが多く、初夏の涼やかな景観を作り出している。「一つづつ花の夜明けの花みづき」（加藤楸邨）、ハナミズキの咲く通りは一際明るくなる。日本古来のヤマボウシの風情には及ばないが、日本の初夏を代表する花になってきた。

写真は、深谷市上柴町にあるフリーモント通りのハナミズキである。

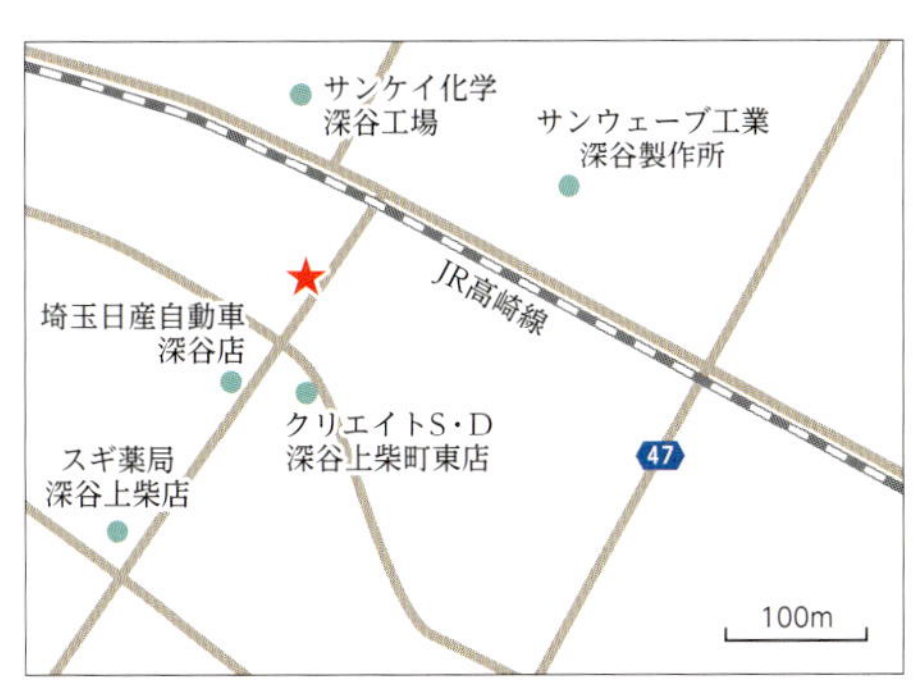

皆野町三沢　５月上旬　（Hassel 503cw cf150mm）

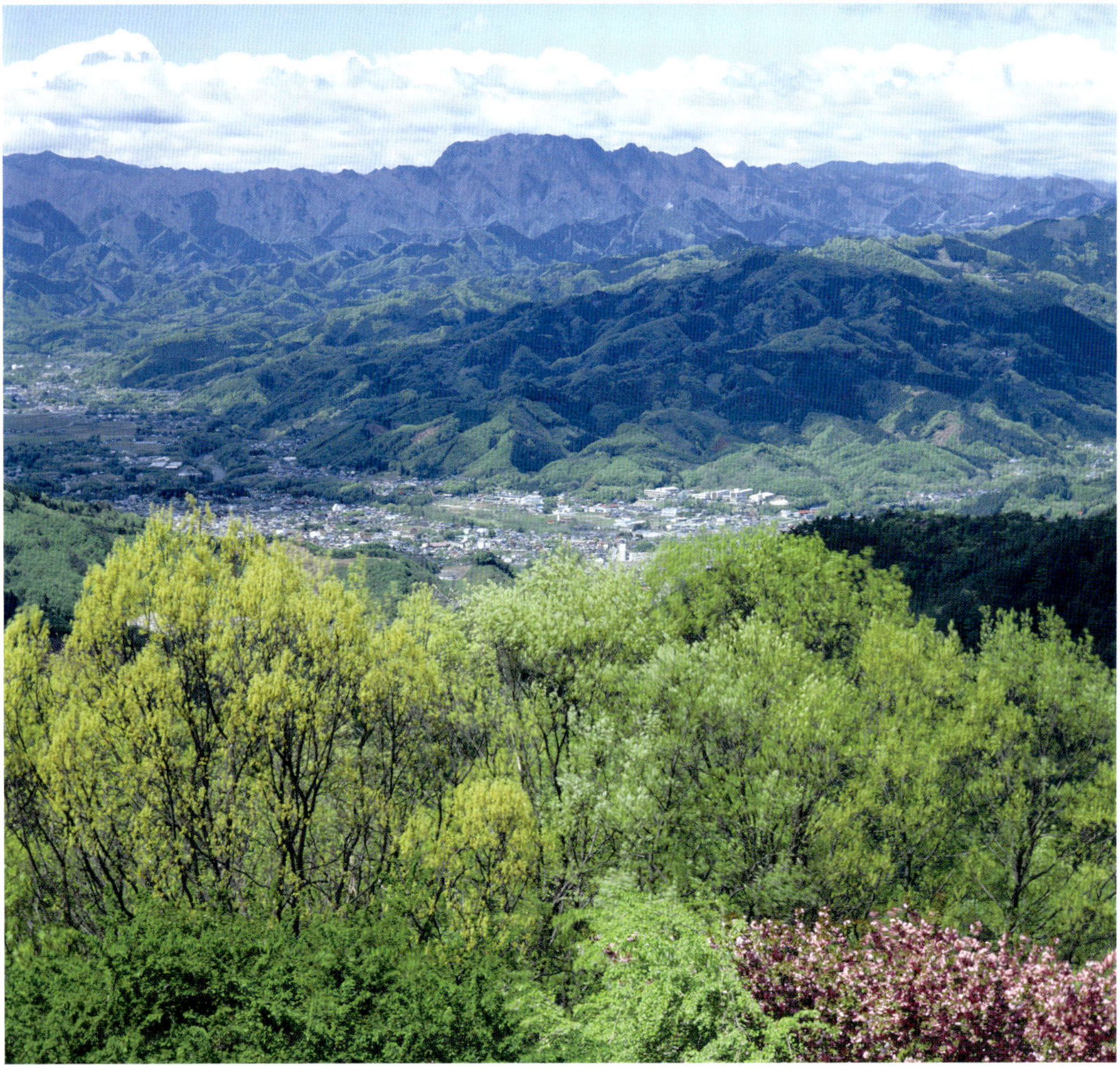

5月はものの伸びる月。陽の伸びる月、枝葉の伸びる月、こころも身も伸びる、よろこびの月。外秩父の峰々はコナラやクヌギなどの新緑で柔らかな粧いである。群馬直美著『木の葉の美術館』は、小さな一枚の葉の中に奥深い世界が広がっていることを教えてくれる。木々の種類や時期によって一枚一枚の葉には、裏葉色、浅緑、若草色、萌黄色など多様な緑がある。山笑う新緑の頃、木々の芽吹きは多様な春色を呈し、見るものの心を沈静化させてくれる。

写真中央のチャートから成る日本百名山の両神山は、怪異な山容を呈する強烈な個性的名山である。手前に広がる秩父盆地は太古の時代秩父湾であったことを想起させてくれる。登谷山への道は、寄居町鉢形城歴史館を端に見て、秋山から釜伏峠への細道に入る。途中に関東平野を一望できる中間平緑地公園があり、澄んだ日には遠く筑波山まで見渡せる。ツツジ、ヤマブキ、ニリンソウなどの咲く山道をさらに進むと登谷山に至る。近くに日本名水百選に選定された「風布川・日本水」もある。

皆野町三沢　５月上旬　（Hassel 503cw cf150mm）

春

65 風布の新緑

寄居町風布　５月上旬　（Hassel 503cx cf150mm）

寄居町風布地区は、朝日新聞と森林文化協会による「にほんの里１００選」に選定されるなど、人々の暮らしによって育まれてきたすこやかで美しい里である。風布は山に囲まれた丘陵地で、温暖な気候からミカン栽培が４００年以上前から行われている。寄居町には北条氏とゆかりの深い鉢形城跡があり、日本最北限で栽培される風布ミカンは、戦国時代小田原の北条氏が苗を移植したのが始まりといわれている。地区内を流れる風布川は国土地理院の地図では釜伏川と表記されているが、源流の湧水日本水と風布川は日本名水百選の一つに選定されている。風布川沿いには「風のみち」遊歩道が整備されており、サワガニやサンショウウオなども観察できる。

また、スギ・ヒノキ・カエデ・ヤマモミジなどの周囲の豊かな森林は、林野庁の水源の森百選で「日本水の森」としても選定されている。

写真は、寄居町秋山から中間平を経て釜伏峠付近から風布地区全体を俯瞰したもので、遠く赤城山を望むことができる。

66 三峯神社の新緑

秩父市三峰　５月上旬　(Nikon D810 14-24mm)

染織家であり、紬織の重要無形文化財保持者（人間国宝）の志村ふくみ著『色を奏でる』に「緑という色」の記述がある。草木の染液にはいろいろな色があるが、直接緑色を染めることはできないそうだ。青と黄をかけ合わせることによって緑を得る。つまり、刈安・くちなし・きはだなどの植物で染めた黄色の糸を、藍甕（あいがめ）に浸けて緑を生み出すそうだ。植物の多くは緑色でありながら、緑色を直接染色できない不思議さを感じる。新緑の正体といえば葉に含まれる葉緑体、葉緑体中のクロロフィル（葉緑素）である。クロロフィルの太陽光吸収スペクトルを見ると、短波長光（青）及び長波長光（赤）の吸収率が高く、中波長光（緑）はあまり吸収されない。このことから中波長光（緑）が葉で反射あるいは透過され、葉が緑色に見えるのである。新緑の頃は葉の厚さも薄く柔らかく、透過光が多いためより美しく見える。

５月上旬、三峯神社の新緑は際立って美しい。カエデ類やトチノキなどが繁茂しており、雲取山や白石山を背景に透き通ったエメラルドグリーンの輝きを放っている。

秩父市三峰　５月上旬　(Nikon D810 14-24mm)

◆コラム◎ふかや緑の王国

上左：アネモネ　5月中旬　(Nikon D300S 70-200mm)
上中：サルビア　5月中旬　(Nikon D300S 70 - 200mm)
上右：カスミソウ　5月中旬　(Nikon D300S 70-200mm)
下左：タイツリソウ　5月中旬　(Nikon D300S 70-200mm)
下右：アヤメ　5月中旬　(Nikon D300S 70-200mm)

「被子植物の花は、種子をつくるための雄しべと雌しべを有する生殖器官であり、この生殖器官を保護するために花弁や萼片などをもつようになった。また、同時に種子を確実につくるため、送粉者の誘引など交配に適応した花の構造や、雌雄の生殖器官の空間的配置（性表現）を進化させてきた。」と『花の自然史』では述べている。私たちが花に惹かれるのは、こうした「性」や「生」を潜在意識として感じているためではないだろうか。

花園インター近郊には、埼玉県花植木流通センター・花園グリーンセンター・ＪＡ花園・ふかや緑の王国など、ガーデニング関連の施設が数多くある。埼玉県花植木流通センターは、昭和49年に全国唯一の公設花植木総合卸売市場として業務を開始し、切り花、鉢物、植木、盆栽、関連資材などを取り扱っている。同センターに隣接するのがふかや緑の王国である。ふかや緑の王国は、県の施設を深谷市が受け継ぎ市民ボランティアの協力による森や庭園づくりを推進している公園である。115種130本の梅の花、コブシ、ハクモクレン、ハナミズキ、バラ、アジサイ、サルスベリ、カエデなどの木々や、写真に見られるような花々をはじめ、サクラソウ、ユリ、パンジーなどの様々な植物が観賞できる。

67 新緑の入川渓谷

秩父市大滝　５月上旬　(Nikon D810 24-70mm)

荒川の最上流部は入川（いりかわ）と呼ばれている。県内一の渓谷美を呈する入川谷は、甲武信岳（こぶしだけ）の東面を水源とする荒川源流域にある。日本山岳会第三代会長の木暮理太郎氏は著書『山の憶ひ出』の中で、「秩父の渓谷は情緒的であり女性的である。（中略）やや陰鬱に過ぎるとさえ思われる森林が、山麓から山頂まで掩っている。この森林こそが秩父の渓谷美ならしむる要素を成している。」と述べている。そして秩父を代表する美しい渓谷として、笛吹川上流の東沢・西沢（山梨県側）と荒川上流の入川谷をあげている。

上高地の梓川、白州の尾白川（おじらがわ）渓谷、南木曾の阿寺（あてら）渓谷・柿其（かきぞれ）渓谷など、北アルプスや南アルプスにある渓谷美は、地形や流れそのものの美であり、河床を形成する花崗岩質の岩盤と密接な関係があるのに比べ、秩父の渓谷美は、清らかな水と深林の豊麗な色沢との調和で形成されている。入川渓谷を取り巻く深林は、新緑の５月から日を追う毎に緑が濃くなっていき、８月に濃緑に至る。

写真は、歌人前田夕暮が晩年を過ごした入川谷の住居跡から、上流に徒歩で少々散策したブナ、ミズナラ、カエデ等に囲まれた入川渓谷である。

入川渓谷夕暮
キャンプ場
入川渓流観光釣場
140
彩甲斐街道
滝川
200m

春

68

新緑の川浦渓谷（安谷川）

秩父市荒川上田野　5月中旬　（Nikon D800 24-70mm）

荒川の支流である安谷（あんや）川は、雲取山から東に分岐する長い山稜に位置する西谷山（とりだに）（天目山）麓に源を発し、荒川日野と荒川上田野の境で荒川に合流する。上流には人家がなく頗る透明な水の流れである。『風土記稿』によると、荒川上田野（旧上田野村）は、水田が少なくほぼ畑三分、山林七分の村で、南に連なる高山のため雨期には水害を受けやすかったそうである。産物としては、蚕・絹・横麻・たばこ・黒青大豆・楮・干し柿・栗などであり、特に蚕は他村に比べて良質で名蚕の称があったようである。

産業技術総合研究所の地質図によると、川浦渓谷は、約2億年前～1億4600万年前に付加したチャートや海溝で複雑に変形した地層（付加体）で形成されている。苔むした石も多く点在し、奥深い山地の渓流となっている。川浦渓谷は鬱蒼とした森林の中を透明な水が流れ、緑陰を川面に落とす神秘的な情景である。

秩父市荒川上田野　5月中旬　（Nikon D800 24-70mm）

69 新緑の橋立川

秩父市上影森　5月中旬　(Nikon D800 24-70mm)

橋立川は秩父の名峰武甲山麓を源とし、武甲山の西縁を北流し、秩父鉄道浦山口駅付近で浦山川に合流する清流である。川沿いには人家が見られないため、上流部は小さな清流であるが非常に水質の美しい流れである。川縁には札所28番の石龍山橋立堂があり、武甲山の西の隅にあたる巨大な石灰岩の崖が見られる。橋立堂の鍾乳洞入り口付近からは、縄文時代の遺跡が発掘され、縄文人の生活を窺い知ることができる。ここで出土した「橋立式土器」は、縄文草創期の標準土器とされている。

橋立鍾乳洞は比較的珍しい竪穴の洞窟で、鍾乳石・石筍・石柱・カーテン・フローストーンなどが観察できる県内唯一の観光洞（信仰の洞窟）である。武甲山を形成する石灰岩は、古生代に海洋でできた石灰層が、プレートによって運ばれ、中生代にこの地に押し付けられた「付加体」であるが、橋立鍾乳洞はこの石灰岩の割れ目に二酸化炭素を含む水が染み込み溶かされてできたものである。

写真は札所28番から少し上流に登った橋立川の清流である。

秩父市上影森　5月中旬　(Nikon D800 24-70mm)

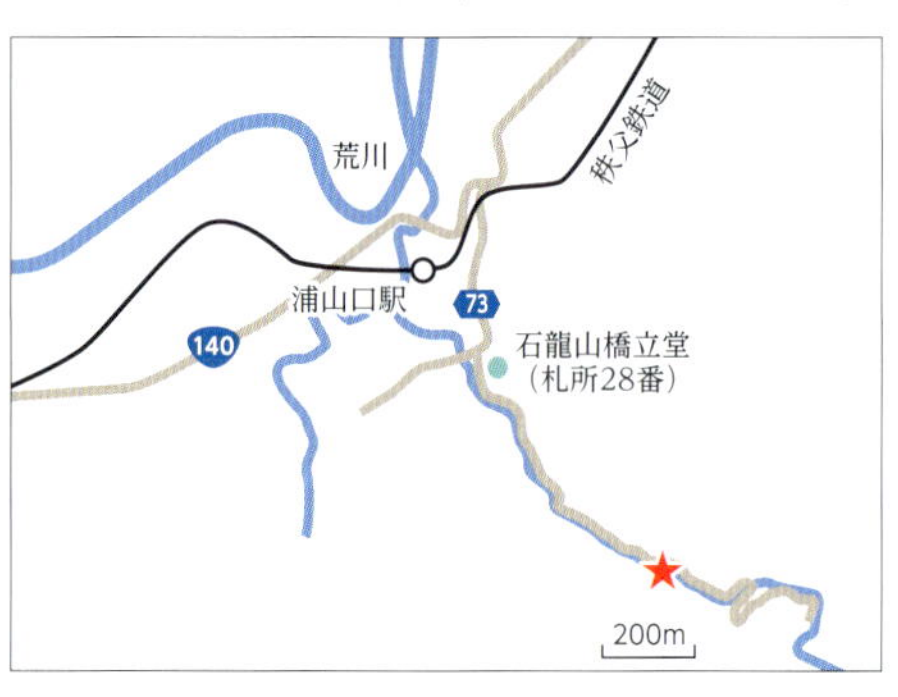

70 天空のポピー

皆野町三沢　５月下旬　(Hassel 503cw cf100mm)

ポピーの一種であるヒナゲシは可憐で華奢な色とりどりの花を咲かせ、古くから親しまれてきたヨーロッパ原産の越年生草本である。ヒナゲシの漢字の表記は「雛罌粟」、「罌」は「瓶」を表し、ケシ坊主（果実）を瓶に、中に入っているケシの実（種子）を粟に見立てて名付けられている。余談になるが京都緑寿庵のコンペイトウは、昔ながらの伝統製法で核にケシの実を使うそうである。

また、ヒナゲシは「虞美人草」とも言うが、楚の項羽と漢の劉邦との戦いの末期、項羽が愛妃虞美人とともに包囲され、四面楚歌なるを知り別れの宴を開いた。「……虞や虞や汝を如何せん」。項羽は出陣し自ら首をはね、虞美人も殉死したが、彼女の鮮血が一株の美しい花と化したので、この花を虞美人草と呼んだという。

皆野町が運営する彩の国ふれあい牧場のポピー畑は、平成20年からポピー祭りが開催され、面積５ha、１５００万本を超える天空の花園である。天空のポピー畑に行くには、皆野町三沢から東に登る方法か、東秩父村皆谷から西に登る方法がある。

皆野町三沢　５月下旬　(CONTAX 645 120mm マクロ)

71 滝川渓谷の春・秋・冬

秩父市大滝（豆焼橋） 5月中旬 （Nikon D800 24－70mm）

奥秩父滝川は、雁坂嶺付近を源流とする急峻で深く切り込んだV字谷を形成する渓谷である。滝川渓谷は新緑や紅葉の名所になっており、彩甲斐街道から俯瞰する風景は格別である。滝川に沿って甲州往還（雁坂道）が雁坂峠に続いている。日本三大峠の一つ雁坂道は、日本武尊が通った道であり、武田氏の軍事用路の一つであり、武州と甲州をつなぐ要路であった。そのため、戦国時代には栃本と甲州川浦村に関所が置かれていた。雁坂峠の利用が盛んになるのは戦国時代からで、甲斐武田氏は北武蔵への侵攻にたびたびこの峠を越え、また、秩父の金山開発のためにも盛んに利用したと伝えられている。

江戸時代、秩父側には栃本関所、甲州側には川浦（旧三富村）番所が設けられ、峠の人々の監視にあたった。江戸時代中期には講社の繁盛や物見遊山の流行に伴い、秩父側よりは富士山・相模石尊社（大山）・甲州身延山等への参拝、甲州側より秩父札所巡礼・三峯山参詣のため通行量が増大した。

明治から大正にかけては、栃本で取れた繭は人の背で川浦まで運ばれ、そこから塩山方面に送られた。繭を運んだ帰りには米を背にして再び峠を越えたが道が険しいため、牛馬による輸送はほとんど行われなかった。三峯信仰は「三峯講」と呼ばれ集落全体が加入している場合が多く、集落の係人が代参し御札を戴いて帰り、各家々では戸口や馬屋の入り口などに、盗難除けや病魔退散の有り難い札として貼った。困難をともなう雁坂越えには、通行人を先導・誘導する「送り」と呼ばれる人足商

秩父市大滝（雁坂大橋） 5月中旬 （Nikon D800 14-24mm）

秩父市大滝（豆焼橋） 10月下旬 （Nikon D810 24-70mm）

秩父市大滝（雁坂大橋） 2月上旬（Hassel 503cw cf100mm）

売があり貴重な現金収入となっていたという。
　雁坂道の旧道は登山コースとして残り、建設省の「日本の道百選」にも選定されている。現在は峠の直下を彩甲斐街道の雁坂トンネルが貫通している。
　写真は、国道１４０号線の豆焼橋及び雁坂大橋付近からの撮影である。

秩父市大滝（雁坂大橋） 10月下旬 （Nikon D810 24－70mm）

72

麦秋の田園

行田市須加　５月下旬　（Nikon D810 14-24mm）

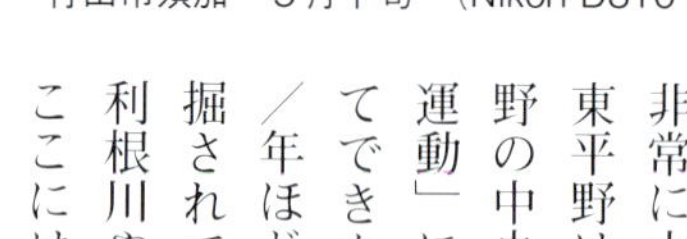

小麦・大麦などは初夏に収穫期を迎え、畑いっぱいに穂が実る。そのため、この時期を麦の秋と呼ぶようになった。「野の道や童蛇打つ麦の秋」（子規）。

産業技術総合研究所の資料によると、関東平野の成り立ちは非常に古く、１６５０万年前の日本海の拡大末期まで遡る。関東平野は、北・西・南の三方を山地・丘陵に囲まれており、平野の中央部が沈降し、周囲の山地などが隆起する「関東造盆地運動」により、四方から礫・砂・泥などが盆地に運ばれ堆積してできあがった。造盆地運動の影響による沈降速度は０・７㎜／年ほどであるという。従って、関東平野の遺跡は地下から発掘されている。この造盆地運動によって成立した関東平野に、利根川や中川が形成した妻沼低地、加須低地、中川低地がある。ここには広い田園風景が広がる。埼玉県の麦の生産高は全国８位、県北部から東部地区にかけて生産地が広がる。穂が実り、収穫期を迎えた麦秋の頃、田園は黄金色に染まる。

写真は、利根大堰の少し下流の行田市須加の田園地帯である。

行田市和田　５月下旬　（Hassel 503cx cf250mm）

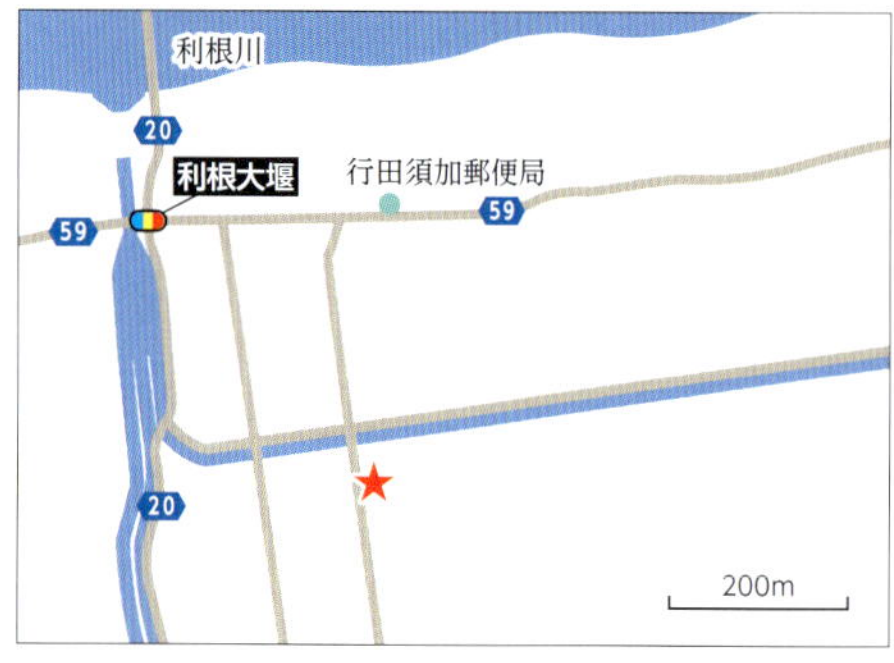

夏

秩父市荒川日野　６月上旬　(Nikon D800 24-70mm)

秩父市荒川日野　６月上旬　(Nikon D800 24-70mm)

73

新緑の寺沢川

寺沢川は安谷川支流であり、熊倉山麓を源として荒川日野（旧日野村）を潤す清流である。日野村は、『秩父神社文書』によると、正中元年（１３２４）に秩父社の造営料木として当村に割り当てられたのが、地名の初出だそうである。『風土記稿』によれば、当村は山林が多く水田は谷間にあり、産物は絹・横麻・たばこ・大豆・楮・干し柿などで、農閑稼ぎとして男は材木伐り出しや柴薪取りをし、女は絹・横麻の織物をしていた。

写真上は、寺沢川に架かる観音橋から上流を撮影したものであり、写真下は、寺沢中央橋付近の水車小屋の近くである。寺沢川は水車に所縁があり、『新井家の文書』によると、文化10年（１８１３）から水車三ケ所が自宅用に限り許可されていたそうである。

なお、写真上は、和光市にある新河岸川水循環センターのエントランスギャラリーに大画面で展示してある。

夏

74 新緑の谷津川

秩父市荒川白久　6月上旬　(Nikon D800 24-70mm)

谷津川（やつ）は、熊倉山の北東面を源とし、秩父鉄道白久（しろく）駅のややや下流で荒川に合流する。熊倉山一帯は、県立武甲自然公園・秩父多摩甲斐国立公園にまたがって指定されており、『荒川村誌』によると、動物約4900種、自生植物1200種が確認されており、多種多様な自然環境条件にある。

谷津川のある秩父市荒川白久（旧白久村）は、『秩父志』によれば、江戸から明治にかけて桑の名産地で広く秩父郡内に桑苗を売り出している家が多く、繭も名産として有名であった。繭の他には、たばこ・生糸・楮・正絹・太織・炭・薪などがあり、冷泉が二ケ所あった。鹿の湯は秩父七湯の一つで、三峯山参拝者などで賑わっていた。また、白久には幕末の頃に始まったとされ、国選択無形民俗文化財及び県指定無形民俗文化財に指定されている「白久の串人形」があり、毎年4月に谷津川下流の豆早原（ずさばら）区公会堂で公開されている。

谷津川に行くには、谷津川館や秩父札所三十番法雲寺を目安にする。梅雨時期で水量は多いが、濁りもなく清々しい流れである。

秩父市荒川白久　6月上旬　(Nikon D800 24-70mm)

秩父市浦山　6月上旬　(Nikon D800 24-70mm)

秩父市浦山　6月上旬　(Nikon D800 24-70mm)

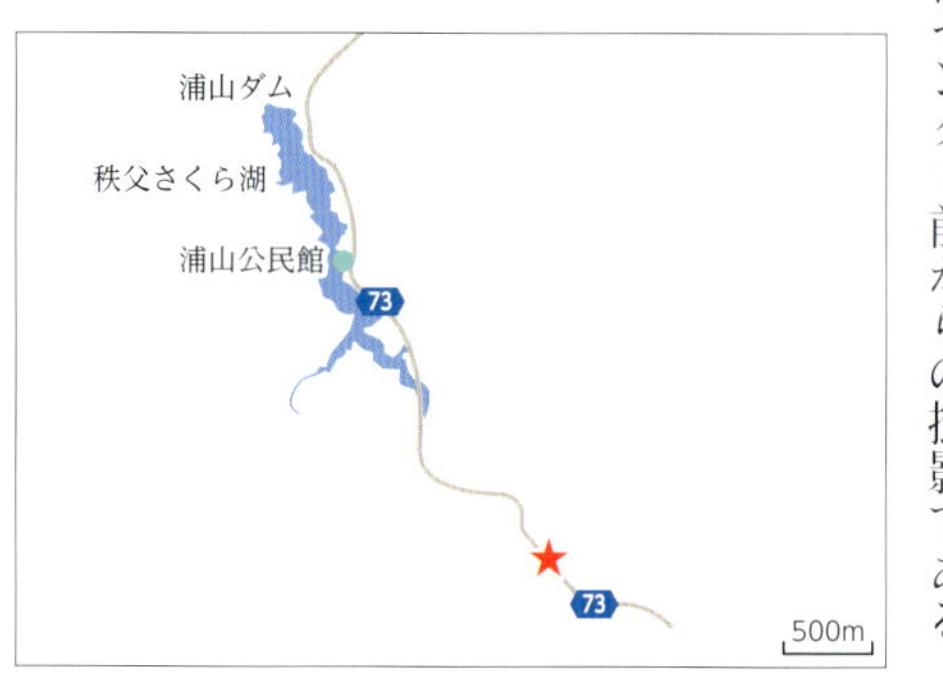

75 新緑の浦山川

秩父市浦山地区は、東側に武甲山・子持山・大持山・有間山などの尾根が続き、南側は日向沢ノ峰・蕎麦粒山・天目山・大平山などの尾根を境に多摩郡、西側は矢岳の山稜を境に秩父市荒川に接している。周囲は1000m〜1600m級の山々が連なっているので、浦山川は急峻な沢を集め、深い渓谷を開きながら南流し、荒川に注いでいる。梅雨の時期、浦山川の水量が増し、大きな渓流となって浦山ダムに注ぐ。

平成10年に浦山川の下流域に建設された浦山ダムは、重力式コンクリートダムとして奥只見ダムに次ぐ全国2位の高さを誇り、洪水調節・多目的利水、東京都・埼玉県への上水道供給・発電等を行っている。浦山ダムの特徴としては、河川環境を改善することを目的に、ダム湖上流端付近できれいな水を取水し、ダム湖をバイパスさせてダム下流へ放流するための「清水バイパス」が整備されたことである。ダム湖は「秩父さくら湖」と命名され、流域住民による桜の植樹も行われ、春の湖畔は桜に彩られる。

写真は、浦山川上流の老人福祉センター前からの撮影である。

夏

76 新緑の生川

横瀬町横瀬　6月上旬　(Nikon D800 24-70mm)

生川（うぶかわ）は横瀬町に位置し、武甲山の南の妻坂峠と大持山の間に水源を持ち、北流して横瀬川に合流する清流である。妻坂峠は鎌倉武士の畠山重忠が秩父から鎌倉に向かうとき、愛妻と別れを惜しんだ峠と伝えられているが、秩父大宮郷から妻坂峠を経て名栗・飯能に通じる道は「名栗通」と呼ばれ江戸時代には秩父甲州往還の一つであった。『風土記稿』によれば、横瀬郷の特産品は良質の絹で「根古屋絹」と称され、名栗通を経て江戸まで運ばれた。根古屋にある城谷沢の井は、絹布生産を奨励した根古屋城主浅見伊賀守慶延が絹布の染織に用いたと伝えられ、秩父絹発祥の地として県の指定旧跡となっている。また、若山牧水の『渓より渓へ』には、武甲神社を経て妻坂峠に立ち、秩父の山々や上州・信州の連山を見渡し、名栗の鉱泉旅館に辿り着いた様子が記されている。

写真は、生川上流妻坂峠入口付近である。

77 大鳩園キャンプ場の新緑と黄葉

飯能市上名栗　11 月下旬　(Nikon D810 24-70mm)

飯能市名栗地区は、全域が秩父山地に属し、秩父市との境界上には日向沢ノ峰・有間山・大持山、南境には長尾丸山・棒ノ峰・黒山、東境は伊豆ケ岳・高畑山、北境は武川岳が連なっている。名栗川（入間川）は大持山を源とし、山間を縦断して南東流し、大鳩園キャンプ場付近で白岩沢と合流し、湯の澤川・蕨入・人見入・柏木入・炭谷川等を合流し、川又で有間川を合わせる。

名産の西川材は、江戸の災害と人口増による需要の増大に伴って、江戸中期以降盛んに生産され、筏に組み入間川～荒川～隅田川へと流送された。大正時代になると武蔵野鉄道（現在の西武池袋線）の開通により筏流しは衰退した。

支流の有間川には、昭和60年県営第1号の有間ダムが完成している。上流部には大鳩園キャンプ場や白岩渓流園キャンプ場があり、イワナやヤマメのいる渓流が自然のままに残されている。

写真は、大鳩園にある同じカエデの新緑と紅葉である。

飯能市上名栗　6 月上旬　(Nikon D800 24-70mm)

78 名栗渓谷の新緑と紅葉

飯能市赤沢　6月上旬　(Nikon D800 24-70mm)

武蔵野平野を緩やかに流れる入間川は、狭山を過ぎ、飯能にまで遡ると名栗川と名を変えて急流となる。名栗郷の村々は、400年の昔からこの一本の川によって江戸と深いつながりがあった。今西祐行著『名栗川少年記』には、幕末から明治にかけての激動の時代を生きぬいた筏荒らしの父親と息子弥吉の姿が描かれてる。江戸には時々大火事があったが、名栗川によって運搬された西川材は、江戸の復興に大きく寄与した。筏師による木材の運搬は、昭和の初めまで水量の増す3月から10月にかけ続いたそうである。

時代は下って大正6年の晩秋には、若山牧水が名栗渓谷を歴巡している。歌集の『渓谷集』にある「石越ゆる水のまろみを眺めつつこころかなしも秋の渓間に」はその時の歌である。牧水は、たびたび名栗渓谷を訪れ、百首を越える歌を残している。

名栗渓谷の自然は今なお美しく、初秋から晩秋にかけてカエデ類の紅葉が、しっとりした日本的な風景を呈し、11月中旬〜12月上旬にかけて各所で錦秋を味わうことができる。

写真下は、赤沢付近の水痩せし秋の名栗渓谷である。

飯能市赤沢　12月上旬　(Hassel 503cw cf100mm)

左上：さいたま市緑区三室　７月中旬　(Hassel 503cw cf50mm)／右上：深谷市曲田　９月上旬　(Hassel 503cw cf150mm)
左下：熊谷市別府　８月中旬　(Hassel 503cw cf80mm)／右下：熊谷市別府　６月中旬　(Hassel 503cw cf100mm)

夕焼けが美しくなる条件には二つあるそうだ。

①として粒ぞろいの微粒子によりできた雲のようなものが高層にあること、②として地表近くに塵や水蒸気などの不純物が少なく空が晴れていること。

この二つの条件が揃うと、粒ぞろいの微粒子により波長の短い青や紫の光は散乱してしまい、波長の長い赤色の光だけが拡散されず地表に届くことにより、赤く輝く夕焼けが見られるということだ。

夕焼けは台風一過や低気圧通過後に見られることが多い。台風や低気圧の上昇気流によって高層に吹き上げられた微粒子（氷の結晶）がうすい雲として広がり、通過後天気が回復すると、風雨によって不純物が少なくなった地表に燃えるような赤色の光が注ぐ。そして美しい夕焼けを演出することになる。ここに示した作品はいずれも台風や低気圧通過後に撮影したものである。

一方、夕焼けは火山の大規模な噴火によっても生じることがある。昭和 57 年（1982）のメキシコのエルチチョン火山、平成３年（1991）のフィリピンのピナツボ火山の噴火後、真赤な夕焼けが出現した。上空高くまで火山灰などの微粒子が吹き上げられたためといわれている。最近も夕焼けが美しく見られるが、ＰＭ２．５等の微粒子のためだろうか。

◆コラム◎美しい夕焼け

上：深谷市上原　６月上旬　(Nikon D810 24-70mm)
下：深谷市武蔵野　７月中旬　(Nikon D810 70-200mm)

79 登竜橋の新緑と紅葉

秩父市大滝　6月中旬　(Nikon D800 28-70mm)

秩父市大滝　11月上旬　(Hassel 503cw cf100mm)

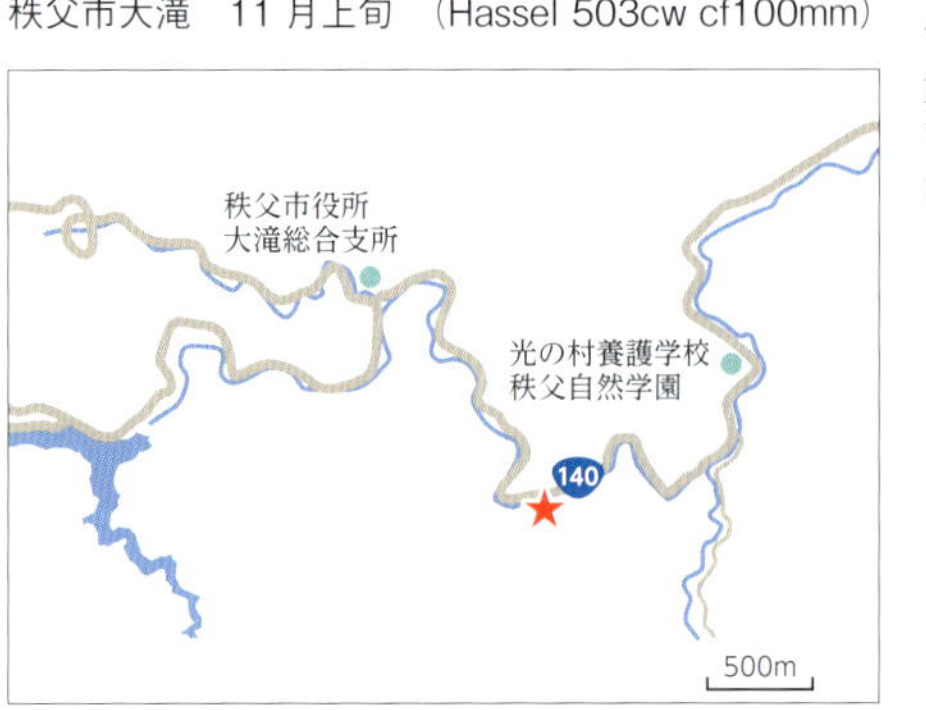

古くから三峰山には三峯神社参拝のため著名人が多く訪れている。「ナウマン象」や「フォッサマグナ」で知られるナウマン博士は明治11年地質学実地調査のため三峰山に登り宿泊している。明治の文豪・幸田露伴も明治31年に訪れたことを『知々夫紀行』に記している。宮沢賢治も盛岡高等農林学校2年生の大正5年に地質見学の修学旅行で三峯神社に宿泊している。創作民謡・童謡界の第一人者だった野口雨情も大正12年に1回目の三峰山登拝をしている。また、大正15年には三峯神社境内の大書院で6泊7日のアララギ派短歌合宿が行われ、斎藤茂吉や土屋文明等83名が出席している。

三峰山登拝は、写真の登竜橋を渡り、登山道に沿って登れば2時間～3時間ほどで登頂できる。昭和14年からは、三峰ロープウェイが開業し、平成19年まで運行していた。昭和42年には「三峰観光道路」が整備され三峯神社まで自動車で行けるようになった。

写真のカエデの新緑と紅葉は、登竜橋の傍らにある紅乃屋の御厚意により出窓から撮影させて戴いた。

80

能護寺のアジサイ

夏

熊谷市長井太田　６月中旬　（Nikon D810 24-70mm）

旧妻沼町の人々は、正月に門松の代わりに榊を立てるとか、松の木は庭に植えないとか、衣服の模様も松を避けてきたという。これは、妻沼の聖天様が「須加の熊野神社」で松葉いぶしにあったからとか、太田の呑龍様と喧嘩をされた際に、松で目をつかれたからとか伝えられているためである。旧妻沼町には、日本三大聖天の一つとされ、平成24年に本殿が国宝に指定された妻沼聖天山（歓喜院）があり、古くから信仰の厚い地域である。

写真の「アジサイ寺」として親しまれている高野山真言宗能満山能護寺は、天平15年（７４３年）に国家安穏・万民豊楽と五穀豊穣を祈願のため行基上人が開山し、後に弘法大師空海が再建されたと伝えられている。毎年６月中旬には、境内に50種類８００株をこえる色とりどりのアジサイが咲き乱れる。鐘楼の鐘は、元禄14年（１７０１年）に鋳造され、市の文化財に指定されている。

熊谷市長井太田　６月中旬　（Nikon D810 24-70mm）

81 権現堂のアジサイ

幸手市権現堂　６月中旬　(Nikon D810 24-70mm)

幸手市権現堂　６月中旬　(Nikon D810 24-70mm)

『万葉集』にはアジサイを詠んだ歌が２首ある。１首目は、「あぢさゐの八重咲くごとく弥(や)つ代にをいませ我が背子見つつ偲はむ」（紫陽花の花が八重に咲くように、何代も健勝でいらしてください、そして花を眺めては貴方を思い出しましょう）橘諸兄。２首目は、「言問はぬ木すらあぢさゐ諸弟(もろと)らが練りのむらとに詐(あざむか)えけり」（物言わぬ木でさえあじさいのような移りやすいものがあります　諸弟らの巧みな言葉に私はだまされました）大伴家持。家持の歌では、花色の変化しやすいアジサイを揺れ動く心にたとえており、紫陽花が人を欺く不実なもののたとえに使われているが、諸兄の歌では寿歌として扱っており対照的である。

６月の権現堂堤は、約１００種、１６０００株のアジサイで彩られる。権現堂堤は、北野武監督作品「dolls」にも登場した4月のサクラ、6月のアジサイ、9月のヒガンバナと四季折々の花が咲く市民憩いの公園である。

82

菖蒲町のラベンダー

夏

久喜市菖蒲町新堀（グロッソ） 6月中旬 （Nikon D810 24-70mm）

吉武利文著『香料植物』によると、日本における最初のラベンダーの栽培・蒸留は、(株)永廣堂が伊豆で試験的に実施しているが、本格的なラベンダーの栽培・蒸留は、昭和12年、曽田香料が香水や化粧品の原料となる天然香料を生産するためにフランスからラベンダーの種子を輸入したことに始まる。この種子を、北海道・千葉・倉敷で試験栽培をしてみると、北海道での発育が良好であった。そこで、曽田香料では、契約による委託栽培を広く募り、昭和23年に富良野地方の農家二十数名がラベンダー栽培を開始した。富良野地方のラベンダーはかなりの面積になって拡大していたが、昭和47年頃から合成香料の技術進歩や貿易の自由化により、国産ラベンダーの精油は価格競争に太刀打ちできず栽培は頓挫した。昭和50年、国鉄のカレンダーに富田ファームのラベンダーが紹介されたのをきっかけに、観光としてラベンダーが日の目を見ることとなった。

6月中旬~7月上旬にかけて、久喜市菖蒲総合支所周辺には、グロッソ、ヒデコート、ミスキャサリン、オーシャンブルー、キューレッド等の銘柄のラベンダーが咲き揃う。

久喜市菖蒲町新堀（グロッソ）6月中旬 （Hassel 503cw cf250mm）

83 金泉寺のアジサイ

嵐山町越畑　６月中旬　(Nikon D810 24-70mm)

白楽天が江州の郡守をしていた頃、管内の招賢寺でたいへん美しい木をみて、一詩を僧に賦した。「何れの年にか植えて仙壇の上に向かう、早晩移栽して梵家に到る。人間にあるといえども人識らず、君がため名づけて紫陽花となさむ」。註として「招賢寺に山花一樹あり、人その名を知るものなし、色は紫色にして気香しく、花は芳麗にしてまことに愛すべく、頗る仙物に類す、よって紫陽花を以てこれに名づく」とある。これを平安朝の歌人である源順が和名安豆佐為を「紫陽花」と断定したことにより、アジサイを紫陽花と書くように常用化されたという。

嵐山町越畑にある金泉寺は、南叟玄寿により元和４年（１６１８）に建立された曹洞宗の寺である。６月中旬、住職が30年かけて植えた５０００本のアジサイが咲き誇る美しい寺である。

嵐山町越畑　６月中旬　(Nikon D810 24-70mm)

84 あじさい街道

越生町麦原　6月中旬　(Nikon D810 24-70mm)

「6月は湿る月、うるおう月、濡れそぼつ月、雨の月」幸田文の好きな6月は、あじさいの季節でもある。あじさいの名は青い花がかたまって咲くようすを表す「あづさい」が変化したもので、「あじ」は「集(あづ)」でものが集合すること、「さ」は「真(さ)」で真実、「い」は「藍(ゐ)」であるという。栗田勇著『花のある暮らし』によれば、あじさいは昔から日本に自生し、よく知られた花であるが、『万葉集』には2首しかなく、それ以降の詩歌にもあまり登場しない。アジサイの色が変わることが心の変節と結び付けられ、道徳的でないとみなされて、近世まではあまり文学に登場しない目だたない花であったようだ。

あじさい街道のアジサイは、地元の方々が街道に植えたのが始まりで、平成元年から町であじさい山公園の整備を始めたそうである。

写真下にある「旧あじさい山公園」のアジサイは平成16年の撮影であるが、現在は残念ながらアジサイの病気のため全山再生中で見ることはできない。青梅梅林と同様に、病気によってアジサイも全滅する儚さがある。

越生町麦原(旧あじさい山公園) 6月下旬　(Hassel 503cw cf150mm)

85 金沢浦山のアジサイ

皆野町金沢浦山　6月下旬　(Nikon D800 24-70mm)

アジサイを世界に紹介したのは、文政6年（1823）オランダ商館の医官として来日したドイツ人のシーボルトである。シーボルト著『日本の植物』には、日本のアジサイのことを「Hydrangea　Otaksa」と命名し、出島の植物園では「オタクサ」の名で栽培されていることが記されている。オタクサの由来については、シーボルトの妻、楠木滝の愛称「お滝さん」であると解されている。国の史跡に指定されている長崎鳴滝のシーボルト宅跡には、たくさんのアジサイが植えられており、長崎市の市の花として愛育されている。

皆野町の北西に位置する金沢浦山地区は、神川町と隣接する奥深い山中であるが、地元の方たちの協力により、約4000株のアジサイが植えられており、梅雨の時期は色とりどりの花が楽しませてくれる。

皆野町金沢浦山　6月下旬　(Nikon D800 24-70mm)

夏

86 白石のアジサイ

東秩父村白石　６月下旬　(Nikon D800 24-70mm)

東秩父村白石　６月下旬　(Nikon D800 24-70mm)

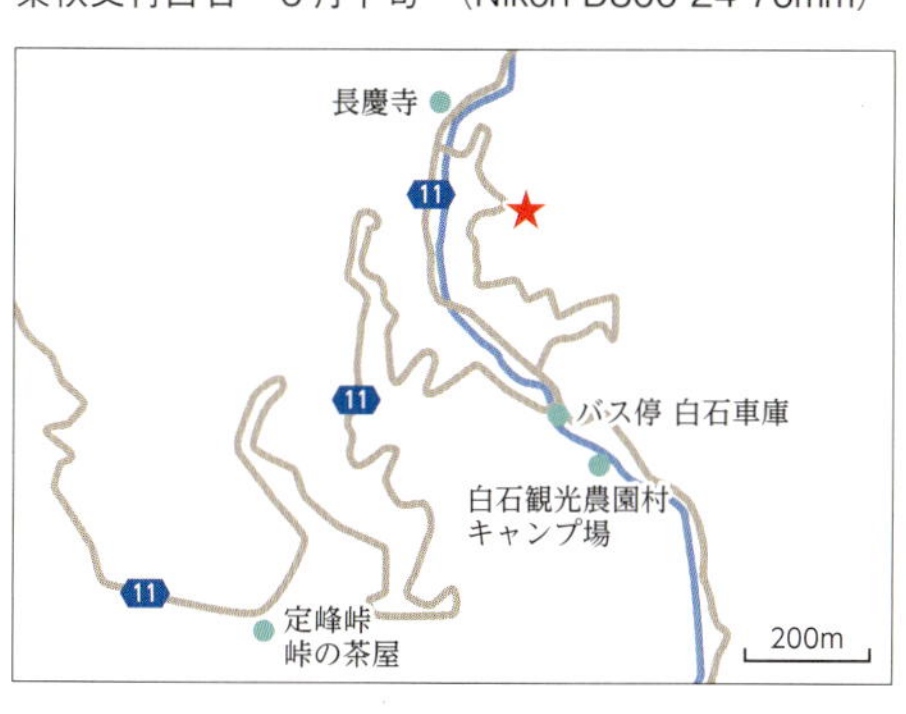

写真の画面構成には、「引き算」と「足し算」の方法がある。主題をはっきり強調するためには、引き算を用いる。この場合望遠レンズやマクロレンズを用いて主題を際立たせる。一方、足し算では、主題の広がりや置かれている状況などの説明的な構成となる。

東秩父村白石地区の山里に「あじさいの道」がある。30年ほど前から白石地区の荻殿林道沿いの民家が自宅や周辺の道路沿いにアジサイを植えたのが始まりで、今では約２㎞に３０００株ほどの「あじさいの道」になっている。福島県を代表する「花見山」は、３世代にわたる阿部家の個人的な花々の植栽による一大花園であるが、白石のアジサイも個人の努力によって植栽され、行政もそれに協力する形で村の活性化に繋がる取り組みである。花々は多くの人々を引きつける魅力を有している。

写真は、同村内の渡辺家の御厚意により、自宅付近に植栽された竹林とアジサイの情緒ある風景を「足し算」で撮影した。

上：羽生市上新郷　８月下旬　（Hassel 503cw cf250mm）
下：鴻巣市広田　８月中旬　（Nikon D800 70-200m）

夏

◆コラム◎夏の雲

行田市下須戸　7月上旬　(Hassel 503cw cf50mm)

日本付近の大気循環は、赤道上で暖められて北上した空気が温帯付近で急降下する際に、地球自転による転向力を受けることで、真東に流される。これが偏西風と呼ばれる日本の天候を左右する気流である。偏西風の流れにはいくつかの型がある。

①東西流型は周期的な天気の変化をもたらす。②南北流型は寒気の南下や熱波の北上が生じる。③枝分かれ型では北に温かい高気圧、南に冷たい低気圧を生じやすい。

偏西風は赤道付近と中緯度の寒暖差の関係で、冬は強く夏は弱い特徴を持っている。また、上空に行けば行くほど強い性質もある。従って、積雲などぷかぷかゆったりと漂う雲は夏に多く出現する。

高崎線を使って埼玉県北部から南部に通勤していると、上尾付近で県北と県南の天気が変わっていることがしばしばある。推論ではあるが、富士山が風よけとなって気象の変化をもたらせているのではないかと思う。写真の積雲であるが、扇形のように広がっているが、その要の方向には富士山がある。おそらく富士山によって気流が何らかの影響を受け、雲が生じたと思われる。夏の雲を代表するのは積雲や積乱雲。栃木方面には積乱雲が多く発生するので、北西方向に積乱雲を見ることが多い。太平洋高気圧に覆われた関東地方は、湿潤な空気によってもたらされる積雲が浮かぶ。

87

浦和のヤブカンゾウ

さいたま市浦和区　7月上旬　(Nikon D810 24-70mm)

『今昔物語』に親を亡くした兄弟のことが記されている。兄は親の死を悼みながらも悲しみを早く忘れようと墓に「忘れ草」の名のある萱草(かんぞう)を植えた。弟は親のことを忘れては相済まないと墓に「思い草」の名のある紫苑(しおん)を植えた。果たして兄は忘れ草の名のごとく次第に親のことを忘れがちになったが、弟の方は親が忘れられず、ますます悲しみがつのるばかりで、雨の日も風の日も毎日墓参を欠かすことがなかった。すると弟の前に墓を守る鬼が現れ、「お前は兄と違って孝心が深く感心である。その孝心を賞して今から何でも明日のことを夢で知らせてやる」とお告げがあった。それ以降、弟は明日のことが予見できるようになり、たいそう幸福に暮らすことができたという。

ＮＰＯ法人「カンゾウを育てる会」では、見沼代用水西縁に隣接する環境を生かし、ヤブカンゾウをはじめとして、いろいろな草花の育成にあたっている。正樹院橋から山崎橋に至る見沼代用水西縁約１・５㎞でヤブカンゾウが咲くようになった。

さいたま市浦和区　7月上旬　(Nikon D810 70-200mm)

夏

88

蓑山のアジサイ

皆野町三沢　７月上旬　(Hassel 503cw cf50mm)

皆野町三沢　７月上旬　(Nikon D800 14-24mm)

蓑山は、秩父盆地の入り口に位置する奥武蔵北西端の山である。伝説によれば、農作物に被害を与えた長雨を止めるために、秩父国造知知夫彦が山に登り祈晴祭を行い農民を救った。このとき蓑をそばの木にかけたので、この山を蓑山と呼ぶようになったという。

一方、この地が史上で著名になったのは、『続日本紀』の和銅元年（７０８）の春正月11日の条に、「武蔵国の秩父郡が、和銅（自然銅）を献じた。」と現されてからである。元明天皇はこれを瑞宝として祝され、年号を和銅に改め、武蔵国の当年の庸と秩父郡の調・庸を免除し、天下に大赦も行った。この和銅奉献後、我が国最初の通貨とされている和同開珎が発行された。『秩父市誌』によると、諸説がある中で秩父市黒谷（蓑山山麓）が和銅産出の有力地であり、和銅採掘露天掘跡や銅精錬所跡などの遺跡が確認されている。

写真は、梅雨の最中、霧に包まれた蓑山山頂付近のアジサイの小径である。

89 榎峠のアジサイ

本庄市児玉町小平　７月中旬　（Nikon D800 24-70mm）

古来からあまり歌などに詠まれてこなかったアジサイであるが、桃山から江戸初期以降になると琳派を継承する、光琳、乾山、抱一たちが好んでアジサイの絵を描いている。また、「蒔絵螺鈿硯箱」などの工芸品や水差し、鉢、印籠、手鏡などの日用品にまでアジサイの文様がデザインとして愛用されてきている。この傾向は明治以降も続き、今日に至っている。

埼玉県北部の美里町・本庄市・長瀞町・皆野町にまたがる広域基幹森林管理道の陣見山線の中間部、陣見山と不動山の間に榎峠がある。榎峠から本庄市児玉町小平に至る林道小平線は「あじさいの小路」と呼ばれ、峠から1・6㎞ほどの間にアジサイが数千株植えられている。この「あじさいの小路」は、東小平あじさい保存会が整備しており、美しい景観形成であるとして、平成22年の「彩の国景観賞」を受賞している。林道小平線の榎峠付近は、標高が４００ｍほどあり山間地でやや気温が低いため平地に比べ見頃が遅く、アジサイは7月上旬から中旬にかけて花盛りとなる。

本庄市児玉町小平　７月中旬　（Nikon D800 24-70mm）

夏

90 武蔵丘陵森林公園のヤマユリ

滑川町福田　7月中旬　(Hassel 503cw cf250mm)

牧野富太郎博士は著書『植物知識』の中で、日本の学者は『汝南圃史』という中国の書物にある百合を日本のユリに当てはめているが、それは間違いであると述べている。日本産のユリには多くの種類があるけれども、一つも中国の百合にあたるものはないそうである。地下の球根に多くの鱗片があり層状に重なっているので百合と命名されたことから言えば、百合と書いても間違いではなさそうではあるが……。

ユリにまつわる神話や伝説は数多くある。ギリシャ神話では、ヘラの乳をヘラクレスが飲んだとき、こぼれた乳が地上に滴り落ちて固まって白ユリになったとか、アダムとイヴのイヴが禁断の果実を食べ、エデンの楽園から追放されたときの悔恨の涙が地に落ちてユリの花になったとか、聖母マリアの受胎を天使ガブリエルが白ユリをもって告げたとか、聖母マリアが昇天したときその棺にはユリとバラの花がたくさん詰まっていたなどの伝説がある。

ヤマユリは年数が重なるほどに、花数も多くなる。

「さ百合花、ゆりも逢はむと、思へこそ、今のまさかも、うるはしみすれ」（『万葉集』）。

国営武蔵丘陵森林公園にはヤマユリが群生しており、特有の甘い香りを園内に漂わせている。

上：深谷市小前田　1月下旬　(Nikon D810 14-24mm)
下：所沢市勝楽寺（狭山湖）　1月中旬　(Hassel 503cw cf100mm)

◆コラム◎秩父連山のシルエット

上：深谷市武蔵野　７月上旬
（Nikon D800 14-24mm）
下：深谷市畠山　９月中旬
（Hassel 503cw cf50mm）

夏

埼玉の平野部から西に望む連山のシルエットは、北部地区からは、浅間山、妙義山、多野山地の御（み）荷鉾（かぼ）山、上武山地の陣見山、城峯山、二子山、外秩父連山の釜伏山、登谷山、大霧山、笠山、堂平山などが望める。山裾から少し離れた平野部からは奥秩父の両神山、三宝山、甲武信岳、雁坂嶺などもシルエットとなる。尾崎喜八は、『秩父の牽く力』において、「大震災直後の９月の或る日、見渡す限り焼け野が原の東京下町とその上にひろがる異常に美しい秋の青空。……中略……そのとき見たのだ。善悪美醜ともに灰と化し了った大都会の砂漠の涯に、波濤のように上がり大鳥の翼のように張った秩父連山を。」と記述し、秩父連山の見える高井戸で新婚時代の５年間を過ごしている。県北の平野から望む山々のシルエットについては、田山花袋の『秩父の山裾』に描かれている。

埼玉県人にとって秩父連山のシルエットは独特の哀愁を持つ。熊谷市以南からは秩父連山の向こうに、丹沢山系や富士山を望むこともでき、格別な眺望となっている。

91 古代蓮の里

行田市小針　７月中旬　(Nikon D800 70-200mm)

ハスの語源は花托に果実の入っている状態が蜂の巣に似ているので、古くはハチスといっていたのを簡略化したものといわれている。大賀博士に師事した阪本祐二著『蓮』によれば、ハスと人類との関係は古く、エジプト文明やインダス文明にさかのぼるという。我々が身近に目にする仏像とハス華の関係は、仏像にハス座を置くようになった紀元3世紀の初め頃から始まるそうである。長いインダス文明において、生産・豊穣の象徴として深い根をおろしているハスが、西方からのハス華の思想と造形に触発されて、インド特有の仏教美術として開花し、宗教的象徴物として確固たる基を築いたとしている。

大賀一郎博士は、何千年と眠ってきたハスの生命を甦らせることに夢を抱いていた。博士はハスにとどまらず、ハスをとおして真理を求めようとする真面目な求道者でもあった。大賀博士と元東京大学検見川厚生農場長の高野主任の熱誠が凝結し、昭和26年、農場の地下３・９ｍから3粒のハスの種を発掘した。この古代ハス（大賀ハス）の推定年数は、２０００年以上と算定され、３粒のうち1粒が発芽し良好に生育した。

一方、行田市の古代ハスも昭和48年、市内公共施設建設工事の際に、偶然出土した種子が自然発芽し甦り、池に開花しているのが発見され、これを移植し広めたものであり１４００年から３０００年前のものとされる。古代蓮の里では、6月下旬から8月上旬にかけて42種類12万株の花蓮を見ることができる。

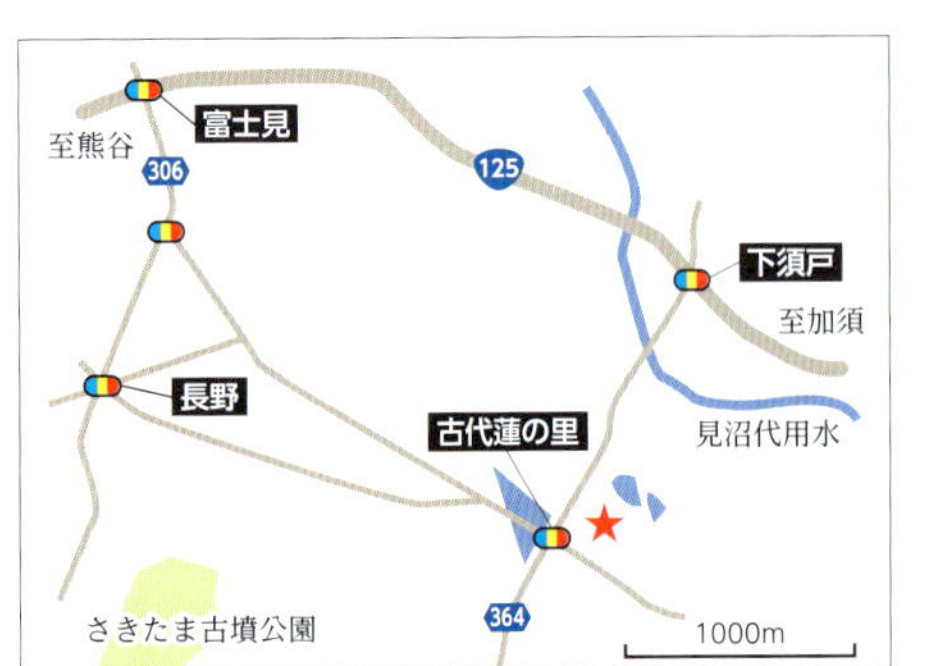

夏

92 丸神の滝の夏・秋

小鹿野町両神小森　7月下旬　(Hassel 503cw cf250mm)

小鹿野町両神小森　11月中旬　(Nikon D810 24-70mm)

滝の前に立つと心が爽快となり、全身に活力がみなぎる。医学的には、滝を落下して飛び散る飛沫がマイナスに帯電し、マイナスイオン化した微粒子を浴びると、喘息、ストレス、不眠症などに有効で、血液を弱アルカリ性に保つ効能のほか、細胞を活性化し体内の老廃物を排出する効果があるそうである。

小森川の支流にある丸神の滝は県内で唯一「日本の滝百選」に選ばれている名瀑であるが、山奥深い地にあるためか埼玉県民の認知度は低いように思われる。県道37号線の小森から小森川に沿って上流に進むと、セツブンソウ自生地・両神興業採石場・奥秩父両神キャンプ場を経て、ようやく丸神の滝入口に至る。丸神の滝は、1段目12m、2段目14m、3段目50mの三段滝である。丸神の滝には、一周40分程度で回れる遊歩道があり、展望台からは滝の全体像を見ることができる。

写真上の丸神の滝は、梅雨期で流量の増えた撮影であるが、普段は少量の水が秩父古生層の黒い岩肌を流れ落ちる優美な滝である。紅葉の時期には、見晴台付近からカエデの紅葉と滝の共演を楽しむことができる。

上：川越市伊佐沼　７月中旬　(Nikon D800 70-200mm)
下：伊奈町小室　７月中旬　(Nikon D800 70-200mm)

◆コラム◎埼玉県内のハス

美里町阿那志　8月上旬　(Nikon D800 70-200mm)

大賀一郎博士に師事した阪本祐二の観察によると、ハスはわずか4日の命を咲ききって散る。1日目、朝5時～6時の頃開き始め3分内外で開口し、それ以上開かず、朝8時頃には閉口する。2日目、午前1時頃より外弁が開き始め、7時から9時頃には満開して椀型になる。この時が香りも強く、花の色も鮮明で美しいが、昼頃には閉花してしまう。3日目、午前1時～2時頃から開花を始め、6時頃に椀形、9時頃に皿形に開ききって花径が最大となるが、花色はややあせ、午後になっても半開きのままで、外側弁から脱落してくる。4日目、花弁の落下が激しく、午後には完全に花弁がなくなる。

東京大学大学院の耕地生圏生態学研究室の研究報告によれば、古代蓮の品種は、その由来にかかわらず、現代の花ハス品種の大半と比較して花弁が細長く、また雌しべが多い傾向が認められるという。県内のハスは、行田のハスを移植したものが多く、各地で古代ハスが咲き誇っている。上記写真以外のハスが見られる埼玉県内の場所として、秩父市久那久昌寺、秩父市荒川花ハス園、美里町甘柏、深谷市川本農林公園などがある。

行田市小針　7月中旬　(Hassel 503cw cf120mm)

93 青い悪魔のホテイアオイ

加須市佐波　8月中旬　(Hassel 503cw cf350mm)

ホテイアオイは繁殖力が強く、種子以外に茎から芽を伸ばして新しい個体をつくる栄養繁殖でも増える。葉に浮き袋のようにふくれている部分があり、七福神の布袋様のおなかのようであるため「布袋葵」と呼ばれている。ホテイアオイは休耕田での景観形成植物としては手間がかからず利用しやすいが、池や河川ではその繁殖力で水面全体を覆い尽くし、ポンプ場を詰まらせたり、取水を妨げたりするので、「青い悪魔」の異名を持っている。

加須市佐波にある「道の駅童謡のふる里おおとね」に隣接する休耕田でホテイアオイを育てており、7月上旬から9月下旬頃まで薄紫色の花を楽しむことができる。ピークの8月中旬には約50万株のホテイアオイが花を咲かせる。また、関東七名城といわれ、映画「のぼうの城」の舞台となった「忍城」の外堀を利用してつくられた水城公園にも、池一面がホテイアオイで埋め尽くされる「あおいの池」がある。

加須市佐波　8月中旬　(Nikon D800 14-24mm)

夏

94

むくげ自然公園

皆野町皆野　８月中旬　(Nikon D800 24-70mm)

ムクゲの花は、サルスベリやキョウチクトウなどとともに日本の夏を代表する花木である。ムクゲの漢名は木槿(もっきん)、これが転訛してムクゲとなったようである。「槿花一朝の夢」などの諺があるように、ムクゲの花は朝咲いて夕暮れには散る短命な一日花である。しかしながら夏から秋まで長期にわたって咲き続けるので「無窮花木」という別名もつけられている。一方、ムクゲは胃腸炎や腸出血などの薬用植物としても活用されてきた。また、ムクゲの端正で雅味ある花は古くから茶人に好まれている。白く真ん中の底紅が美しい花は、千利休の孫の宗旦が好んだので「宗旦槿」といわれる。さらに、ムクゲは韓国の国花で、国歌にも詠み込まれている。

写真は、秩父やまなみ街道と国道１４０号との交差点の南東側にある「むくげ自然公園」での撮影である。オーナーの長谷川さんのお話によると、「無窮花木」なので長い間楽しませてくれる秩父の観光地を目指して維持管理をしているそうである。

皆野町皆野　８月中旬　(Nikon D800 105mm)

95

運動公園のヒマワリ

新座市本多　8月中旬　(Nikon D810 24-70mm)

ヒマワリは、フィンセント・ファン・ゴッホの「ひまわり」を連想させる。ゴッホの「ひまわり」は南フランスのアルルで描かれており、「ひまわり」を描いた情景や心情は、弟テオへの手紙に綴られている。ゴッホにとって黄色は特別な意味があり、自分の命、自然の命のシンボルであった。黄金の色、硫黄色、太陽の色、そして生命の色……黄色。ゴッホはこの「ひまわり」に、太陽から火を盗んだプロメテウスを重ね見、炎のように生きた自分自身の過去と現在の一切を重ね見て描いている。アルルで描いた「ひまわり」は7点現存しているそうであるが、その内の1点を東郷青児美術館で鑑賞できる。炎天下に咲くヒマワリは、何か情熱的な感情を抱かせる。

埼玉県内のヒマワリ畑は年によって作付けが変化するが、埼玉県以外の広大なヒマワリ畑は、北海道の北竜町、宮城県の三本木町、山梨県の北杜市明野町、新潟県の津南町、栃木県の野木町等で毎年見られる。おもしろいことに、ヒマワリの花の向きは太陽の方角ではなく、概ね東向きであるのに気づく。

写真は、新座市の総合運動公園内にある「本多の森お花畑」のヒマワリである。

新座市本多　8月中旬　(Nikon D800 80-200mm)

96

新座のキツネノカミソリ

新座市市場坂　8月中旬（Nikon D810 24-70mm）

キツネノカミソリはヒガンバナの仲間であり、独特な生活史戦略を持っている。地上への展葉の時期と開花期が完全に分離している。クヌギ、コナラ、イヌシデなどの落葉樹林の林床に生育するキツネノカミソリは、上層の樹林の葉がまだ展開していない3月上旬頃から線形の葉を束ねたように伸張し始める。落葉広葉樹の葉層は4月中旬になると展開を完了し、その暗い陰を林床に落とし始めるので、キツネノカミソリの葉は4月下旬から5月上旬になると黄化し枯死してしまう。そして、8月上旬頃から花茎の先端に漏斗状で赤橙色の花を咲かせる。キツネノカミソリの名前の由来は、細長い葉がカミソリに似ていること、花の色がキツネの毛を連想させること、それに葉が枯れた後に花を咲かせるため、キツネに化かされたようであるからなど諸説ある。

お盆の頃、新座市営墓園の北側斜面には、キツネノカミソリの鮮やかなオレンジ色の花が約5万株群生する。市営墓園開園時から群生があり、地元住民が「新座市キツネノカミソリ保存会」を結成して保存に努めている。

新座市市場坂　8月中旬（Nikon D810 70-200mm）

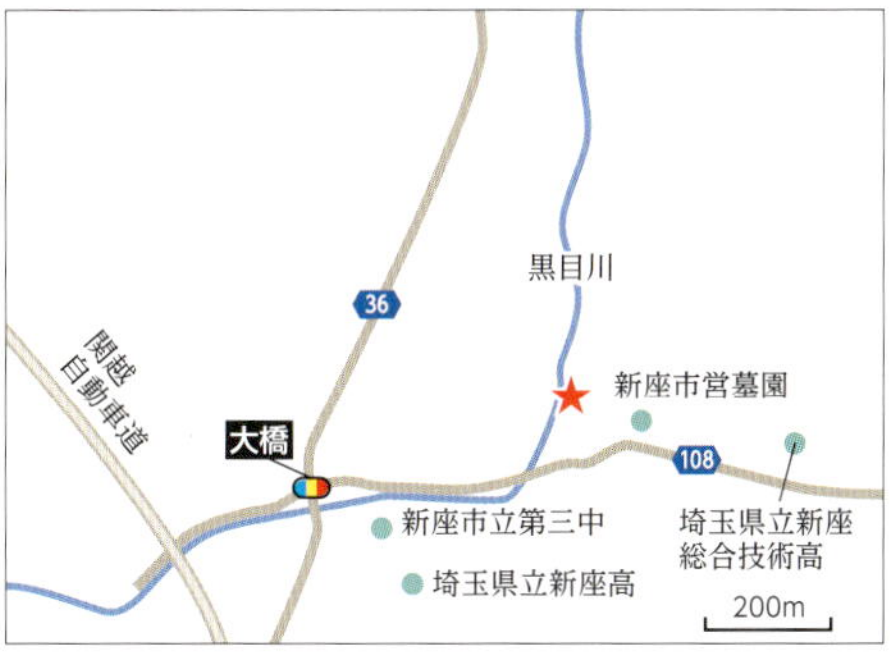

黒目川
36
関越自動車道
新座市営墓園
大橋
108
新座市立第三中
埼玉県立新座総合技術高
埼玉県立新座高
200m

夏

97 初穂の東家

加須市上樋遣川　8月中旬　（Nikon　D810　24-70mm）

大森貝塚を発見したE・S・モースは著書『日本人の住まい』の中で、屋根について字義的には「家の根」なのになぜ家屋の上にあるのか疑問を呈している。建築史家の伊藤ていじ氏によると、屋根の語源は竪穴住居の垂木が大地に根付いていることに由来しているという。日本の住居の成り立ちは、北方系の竪穴住居と南方系の高床住居の融合したものであり、土間と座敷のある構造や壁の少ない構造はその名残であるらしい。日本の住居が縄文時代の竪穴住居に始まるとすると、屋根は外観であり内部空間を造っている覆いでもあった。その後、屋根は機能美を織り込みながら社会的地位の象徴となっていった。

一方、屋根の形状は家形埴輪の発掘例に見られるように、古代から寄棟造り、入母屋造り、切妻造りの三つが原型となっている。寄棟造りの民家は、全国的に広く分布し、特に関東から東北にかけて多いことから「東家（あずまや）」ともいわれている。

写真は、夏雲広がる8月中旬、加須市内で見つけた野田の初穂の東家である。

加須市上樋遣川　8月中旬　（Hassel 503cw cf150mm）

夏

98 清流の風布川

寄居町金尾（夫婦滝）　8月下旬　（Nikon D810 24-70mm）

寄居町にある風布川（国土地理院では釜伏川）は釜伏山を源とし、源流と七つの支流が合流し風布金尾を経て約6㎞下流の玉淀湖に注ぐ短い一級河川である。風布川の源流にある「日本名水百選」の日本水は、その昔、日本武尊が東征のおり、釜伏山に戦勝を祈願した際、渇きをおぼえ、剣を岩壁に突き刺したところたちまち湧水し、尊はこの水の冷たさのため一杯しか飲めなかったとの伝説により「一杯水」とも呼ばれている。古来日本水は農民の雨乞いのもらい水や不老長寿・子授け等の諸願に御利益のある霊水として崇められてきた。風布川は、渇水時でも豊かな流れを形成し、流域に「沸飛石」「天狗岩」「松葉飛石」「夫婦滝」などの名勝を創り出している。

風布とは変わった地名であるが、霧がよく発生し、風によって霧が布のように山腹を覆うことから名付けられたようである。風布川の周辺環境は、三波石変成岩類の泥質片岩で形成されているため水質の混濁が少なく、写真に見られるように増水時でも透き通った美しい流れとなっている。国道１４０号線から寄居橋を渡り、左折し３００ｍほど進むと夫婦滝がある。

寄居町金尾（沸飛石付近）8月下旬　（Nikon D810 24-70mm）

99

横瀬川渓流

飯能市上名栗　8月下旬　(Nikon D810 24-70mm)

横瀬川は、横瀬町の武川岳東山麓を源とし、途中で小島沢川・生川・曽沢・木の間沢・兎沢・大棚川・定峰川・峰沢などを合流し、秩父市黒谷の和銅大橋近辺で荒川に合流する。流れは穏やかで、イワナ・ヤマメ・カジカ・ウグイなどが生息し、渓流釣りの入門の谷として、手軽に釣りを楽しめる。

横瀬は古くから交通の要所であり、横瀬川に沿って江戸秩父道（吾野通）が通っており、また生川に沿って妻坂峠に向かう道（名栗通）は相模国大山に通じていた。江戸時代、江戸と秩父を結ぶ主な往来には、秩父往還（熊谷通）・川越秩父道（川越通）・（吾野通）の三つの経路があった。この中で吾野通が江戸から22里と最も距離が短く「秩父街道」あるいは「絹の道」と呼ばれていた。吾野通は、日本橋から新宿まで甲州街道、新宿から田無まで青梅街道、田無から所沢・入間・飯能・正丸峠・芦ヶ久保を経て秩父大宮郷へ至る道であり、さらに雁坂峠を越えて甲斐に至る道筋は甲州裏街道とも呼ばれていた。

写真は、国道２９９号線を秩父方面に進み、正丸トンネル出口を左折し、名栗元気プラザに行く途中の横瀬川渓流である。

秋から冬

100

有間渓谷龍神渕

飯能市下名栗　左:11 月下旬／右：8 月下旬　(Nikon D810 24-70mm)

有間川は、有間山と日向沢ノ峰間にある有間峠付近を源とし、東流し有間ダムによる名栗湖を形成し、ダム下流で入間川に合流する。有間ダムは砕いた岩石を積み重ねて構築する中央土質遮水壁型ロックフィルダムで、昭和61年3月に県営第1号として完成した多目的ダムである。埼玉県内には河川法上のダム（基礎地盤から堤頂までの高さが15ｍ以上のもの）は15ケ所あるが、ロックフィルダムは有間ダムだけである。有間ダムは、洪水調節・不特定用水・上水道用水等の多目的活用を目的としているが、洪水調節の方法は自然調節方式で、自然越流式トンネル洪水吐で行っているのが特徴である。

写真の龍神渕については、有間川が入間川に合流する龍泉寺の看板に次のような記述がある。「昔、越生郷龍穏寺に住む悪い龍が高山の不動様に尾を切られ、ここ龍泉寺の池まで逃げてきた。その後、龍は有間川奥の大淵に住みつき、恵みの雨を降らせる龍神となって農家の人々を助けるようになった。」（56ページ、龍ケ谷のヤマザクラも参照）上流に人家はなく、水清い有間川渓流である。

龍神渕には、名栗湖から有間川を遡り、落合で左折ししばらく進むと到着する。

101 椚平のシュウカイドウ

ときがわ町椚平　9月上旬　(Nikon D810 24 - 70mm)

秋海棠（しゅうかいどう）は、海棠（バラ科）とは何の縁類もなく別種であるが、秋に花を開かせその花の色が海棠に似ていることから命名されたようである。シュウカイドウは、別名「断腸花」といわれる。これは、『秘伝花鏡』に「昔美しい婦人がおり、思慕する男性がいた。毎日の逢瀬を楽しみにしていたのだが、故あって男性が訪れることができなくなった。婦人は断腸の思いで待ち続けた。婦人の流した涙のあとから名も知らぬ美しい紅色の花が咲いた。」と記されていることによる。悲恋の涙から生じたと伝えられるこの花は、可憐で麗人の優雅さを表徴するにふさわしい花である。シュウカイドウの花には雄花と雌花があるが、これが同じ株につく雌雄同株である。写真に見られるように、雄花は四弁花であるが、二枚のがく片が大きく花弁の二枚は小さい形状をしている。花心にある雄しべは、花糸が合着し黄色い葯が球状についている。シュウカイドウが群生するときがわ町椚平地区は人里離れた山間の集落である。ときがわ町観光課によると、もともと群生していたものを大切に管理してきたという。近年、鹿によって根などを捕食され減少傾向にあるという。

ときがわ町椚平　9月上旬　(Nikon D810 マクロ 105mm)

102

寺坂棚田

横瀬町横瀬　９月上旬　（Nikon D810 24－70mm）

横瀬町横瀬　９月中旬　（Nikon D810 14-24mm）

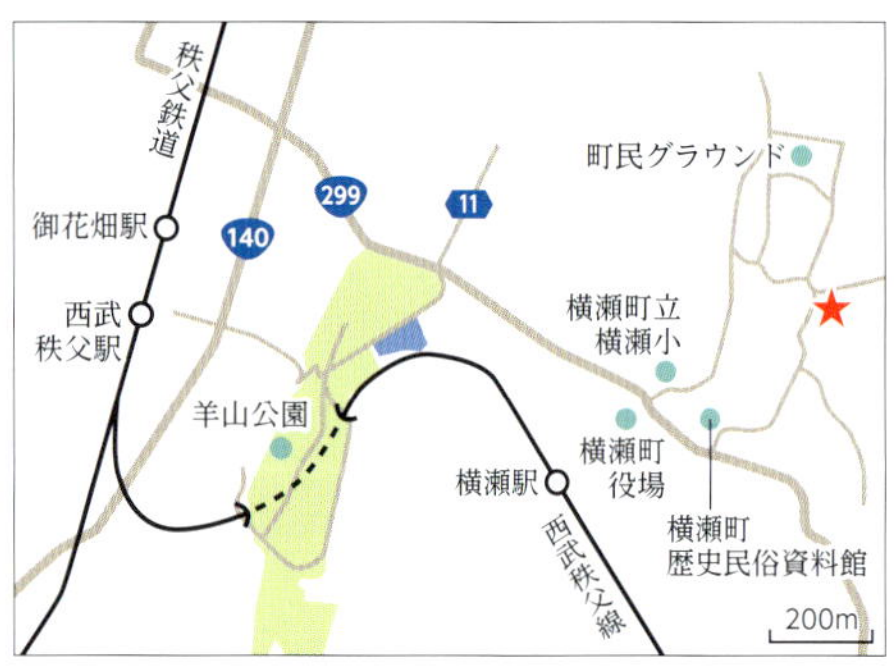

棚田は、農業生産のみならず国土・環境の保全、農村の美しい原風景の形成、伝統・文化の継承等多面的な機能を有している。埼玉では希有な棚田だが、新潟・長野を除けば主に西日本に数多く分布している。その理由として、「日本の棚田百選」選定委員でもある中島峰広氏は、米作が西日本から広まったこと、初期水田開発が技術的に容易な小河川の流域から着手されたこと、保水性に富む緩傾斜地が多く存在していたこと等をあげている。しかし、各地の棚田撮影から、生産性の低い棚田の耕作放棄が進行していることが感じ取れる。一方、棚田の保全活動として、保存会の設立、オーナー制による維持管理、学校教育における農業体験等の取組も始まっている。飯田市の「よこね田んぼ」、千曲市姨捨の「田ごとの月」、飯山市の福島新田の棚田、鴨川市の大山千枚田など保存会の活動が盛んである。

写真は、武甲山を正面に望む横瀬町の寺坂棚田である。約4haに250枚ほどの棚田があり、地元農業者によるボランティア団体が「寺坂棚田学校」を開校し、都市と農村の交流の場として保全活動に取り組んでいる。

◆コラム◎長瀞七草寺

①洞昌院ー長瀞町野上下郷　9月中旬（Nikon D810 24-70mm）
②道光寺ー長瀞町岩田　9月中旬（Nikon D810 14-24mm）
③遍照寺ー長瀞町野上下郷　9月中旬（Nikon D810 24-70mm）
④不動寺ー長瀞町長瀞　9月中旬（Nikon D810 70-200mm）
⑤真性寺ー長瀞町本野上　9月中旬（Nikon D810 24-70mm）
⑥法善寺ー長瀞町井戸　9月中旬（Nikon D810 70-200mm）
⑦多宝寺ー長瀞町本野上　9月中旬（Nikon D810 24-70mm）

『万葉集』の山上憶良が詠んだ歌に、「秋の野に咲きたる花を指折りかき数ふれば七草の花。萩の花、尾花、葛花、撫子の花、女郎花また藤袴、朝貌（あさがお）の花」がある。春の七草が七草粥など食せることに比し、秋の七草は、冬を前にした哀愁を感じさせる。長瀞町の七草寺には、ハギの洞昌院、ススキの道光寺、クズの遍照寺（写真は水芙蓉）、ナデシコの不動寺、オミナエシの真性寺、フジバカマの法善寺、キキョウの多宝寺があり、観光ブームに乗って参拝者が増加している。七草寺の一つ法善寺は春のシダレザクラでも知られ、長瀞町の天然記念物に指定されている「与楽の地蔵ざくら」や「弥陀のさくら」などがある。また、秋にはフジバカマの他にシュウメイギク・ケイトウ・ホウセンカ・ヒガンバナ・ニラ等、多様な花々に包まれる。長瀞・七草寺はほぼ一日で巡拝可能であり、9月中旬にはそれぞれの花々が花期を迎えるが、遍照寺のクズの花は8月下旬頃が花期である。

103

小鹿野のダリア園

小鹿野町両神薄　9月中旬　（Nikon D810 24-70mm）

ダリアの原種はメキシコからグアテマラ・コロンビアの高地に分布しているとされる。東大名誉教授の大場秀章氏によると、スペインの植物学者・カバニジェスが王立植物園に勤務しているときに、新大陸からもたらされた数々の植物の分類をしており、1791年に出版された書籍にダリアの最初の記載があるという。カバニジェスが名付けたダリア（Dahlia）は、植物分類学の父・リンネの弟子で夭折したダールという人に由来している。日本にダリアがもたらされたのは江戸時代の末期の天保年間で、「天竺牡丹」という名称であった。その後、明治20年以後ダリアの栽培も盛んになり、明治30年代後半になると園芸カタログに「天竺牡丹」が紹介されるようになったという。「ダリア」という名が一般社会に知られるようになったのは明治後期になってからである。

小鹿野町両神薄（すすき）にあるダリア園では、平成19年から地域の有志による共同栽培がなされており、300種、5000株の様々なダリアが植え付けられている。

小鹿野町両神薄　9月中旬　（Nikon D810 70-200mm）

104 権現堂のヒガンバナ

秋から冬

幸手市権現堂　9月中旬　(Nikon D810 24-70mm)

『植物生活史図鑑Ⅲ』によると、ヒガンバナの仲間に共通している特徴は、年間のある時期に地上に展葉して光合成による物質生産を行う時期と、花茎のみを地上に形成して、開花・結実する生殖成長の時期とが分離していることである。ヒガンバナの場合、10月中旬頃から新葉を展開し始め、4～5月末頃まで光合成を行い、5月末以降になって渇死する。花茎は9月頃から地上に展開し始め、9月中旬～下旬にかけて一斉に開花する。これまで知られた限りでは、ヒガンバナは花を咲かせるが種子をつけないで、鱗茎の分球による栄養繁殖で殖えている。しかし、開花個体に種子が形成された事例も報告されている。ヒガンバナの仲間には、キツネノカミソリ・ショウキズイセン・ナツズイセンなど十数種類があり、学名にリコリス（Lycoris）が冠されている。リコリスはギリシャ神話の女神（海の精）の名前に由来しており、花の形から女神を想像したのであろう。

秋の訪れとともに土手一面に咲く権現堂のヒガンバナ。市民ボランティアが大切に育て、現在では約３００万本にまで増えている。

幸手市権現堂　9月中旬　(Nikon D800 24-70mm)

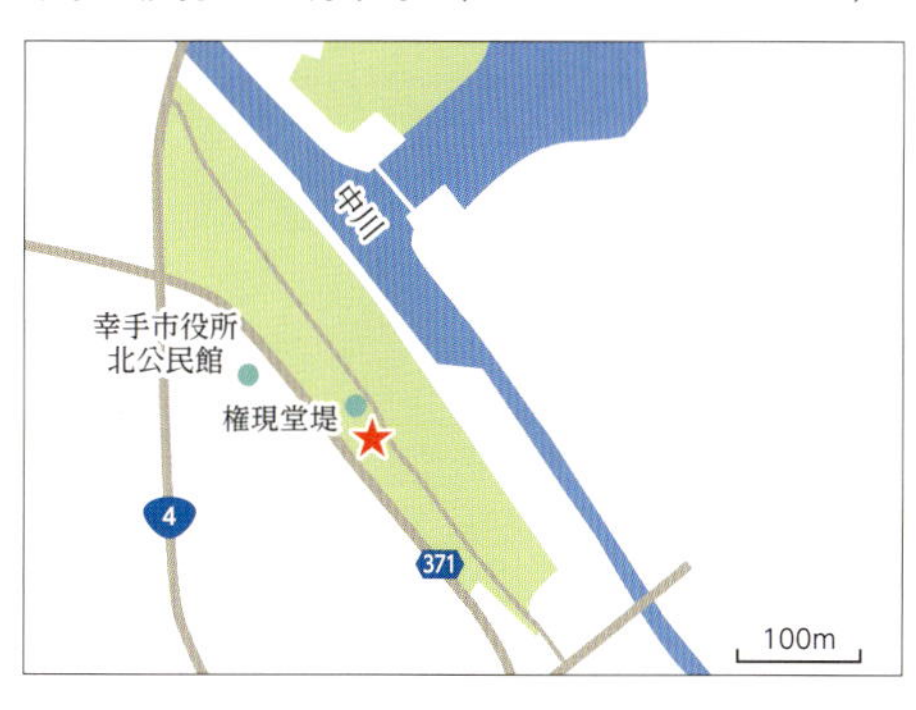

上左：秩父市久那　久昌寺
　　9月中旬　(Nikon D810 70-200mm)
上右：皆野町下田野
　　9月中旬　(Nikon D810 24-70mm)
下右：秩父市荒川小野原（深山の花園）
　　9月中旬　(Nikon D810 70-200mm)

深紅の花は、一般にアゲハチョウ類を始めとする大型のチョウの仲間に対する誘引シグナルであることが知られている。ヒガンバナにはしばしばキアゲハやカラスアゲハのような大型のアゲハチョウの仲間が頻繁に訪花・吸蜜している光景を目にする。『所さんの目がテン』の番組で、興味深い実験をした。秋に咲く色が異なる四つの花、黄色のオミナエシ、青紫のリンドウ、うす紫のキキョウ、そして赤いヒガンバナを準備し、そこにアゲハチョウを放して、どの色の花に一番多くやって来るのかを観察した。するとアゲハチョウは圧倒的に多くヒガンバナに集まった。アゲハチョウにとって赤色＝蜜のある花なのであろう。しかし、日本のヒガンバナは一般的に種子ができないのに、なぜアゲハチョウを呼び寄せるのか不思議である。

『日本植物方言集成』によると、ヒガンバナの呼び名は日本各地に500以上あるそうだ。秋の彼岸（ヒガンバナ）、花の色（マンジュシャゲ、アカバナ）、花の形（カミソリバナ）、花の時期に葉がない（ハッカケババー）、お供え花（オボンバナ、ホトケグサ）、遊び（イカリバナ、カンザシバナ）、墓の近く（ソーシキバナ、ユーレイバナ）、しびれやかぶれる（シビレバナ、カブレバナ）、アルカロイド等の毒がある（ドクバナ）、薬（クスリグサ）、非常食（オイモチ）……等、多様な名前がついている。死を恐れる人間の心理として、彼岸の頃墓場に深紅の花を咲かすこの植物は、美しいというより毒々しく、むしろ無気味な妖気漂う悪霊と感じたのかも知れない。鱗茎に含まれているリコリンその他のアルカロイドは有毒であり、昔はモグラや野鼠から田畑を守るため畦や周囲にヒガンバナを植えたという。

◆コラム◎ヒガンバナ

上左：高麗川右岸（坂戸市戸口栗生田橋上流）
9月中旬　(Nikon D810 24-70mm)
上右：越辺川左岸（川島町下井草落合橋上流）
9月中旬　(Nikon D810 24-70mm)
中左：入間川左岸（川越市平塚平塚橋下流）
9月中旬　(Nikon D810 24-70mm)
中右：越辺川右岸（坂戸市横沼道場橋下流）
9月中旬　(Nikon D810 24-70mm)
下左：巾着田（日高市高麗本郷）
9月中旬　(Hassel 503cx cf50mm)

『植物生活史図鑑Ⅲ』によると、日本に自生するヒガンバナは種子を形成しないが、なぜ大群落が見られるかというと、その鱗茎（葉的器官が多肉化して多くの貯蔵物質をたくわえたもの）に秘密がある。一定サイズに成長したヒガンバナの鱗茎は３年分の鱗片葉からなり、秋口に地上葉を展開して光合成による物質生産を開始すると、花茎を上げた個体も上げなかった個体も、その鱗茎にはほぼ例外なく、１～５個の娘鱗茎が形成され、ねずみ算式に数が増えていくからである。この旺盛な分球による栄養繁殖が、今日列島各地に見られるヒガンバナの大集団を形成するのである。

ヒガンバナについて関係書籍を調べてみると、前川文夫博士による有史以前に中国から移入された史前帰化植物説、または稲作にともなって伝来したとする救荒植物という説もあるが、日本列島における正確な起源・渡来の時期や実態に関しては不明の点も多い。

105

ちちぶ花見の里

秩父市荒川　９月中旬　（Nikon D810 14-24mm）

『蕎麦年代記』を著した新島繁氏によると、ソバの発祥地は中国の中央・西部の山岳地帯とくに西南部の雲南省が優勢であるとしている。日本におけるソバの初見は『続日本紀』巻９の元正天皇が養老６年（７２２）に発せられた詔であり、それ以前の５世紀半ば頃から栽培されていたらしい。古代では蕎麦を曽波牟岐（そばむぎ）、平安時代の末期には久呂無木（くろむぎ）とも併せて呼んでいた。室町時代になってムギを略して蕎麦（そば）と呼ぶようになった。一方、現在のような麺類としての蕎麦切りの初見は、長野県木曽郡大桑村にある定勝寺の文書（天正２年）にあり、その他の文献とも併せると長野県が蕎麦切りの発祥の地であるらしい。

秩父栃本の民謡「大滝節」の一節に「わたしゃ大滝だよ粟稗育ち　米のなる木をまだ知らぬ（コラショ）」があり、秩父地方で水田を作るのは至難の業であった。畑の作物として、大麦・小麦・ソバ・アワ・ヒエ・キビ・豆類・野菜・根菜類等が古くから栽培されていた。秩父には１００軒を超すそば店があり、秩父地方で生産されたソバ粉や信州・北海道産のソバ粉をブレンドして美味しい蕎麦を提供している。

写真は、秩父市荒川上田野にある「ちちぶ花見の里」のソバ畑である。

106

荒川低地の田園風景

熊谷市樋春　9月中旬　(Nikon D810 14-24mm)

国土交通省の資料によると、荒川の名称由来は「荒ぶる川」であり、扇状地末端の熊谷市付近より下流で、しばしば流路を変えていた。関東平野の開発は、氾濫・乱流を繰り返す川を治め、いかに川の水を利用するかにかかっていた。江戸時代の寛永6年（1629）に、伊奈備前守忠治が荒川を利根川から分離する付け替え工事を始め、久下村地先（熊谷市）において元荒川の河道を締め切り、堤防を築くとともに新川を開削し、荒川の本流を当時入間川の支川であった和田吉野川の流路と合わせ、隅田川を経て東京湾に注ぐ流路に変えた。利根川東遷と荒川西遷の河川改修事業により、埼玉県東部を洪水から守り、低湿地の新田開発を促進させるとともに、県中央部（熊谷・行田）の水田地帯を水害から守れるようになった。また、新しい荒川は水量増加により船運による物資の大量輸送も可能になり、江戸の反映を支えた。

写真は荒川右岸にある熊谷市樋春（ひはる）の低地に広がる秋の田園風景である。

秋から冬

107 加須低地の田園風景

鴻巣市鎌塚　11月中旬　(Nikon D810 14-24mm)

県内の低地には、荒川による荒川低地、利根川による妻沼低地・加須低地、中川による中川低地などがある。県の資料によると荒川・中川流域では主に泥質の沖積低地をなし、妻沼低地では主に砂礫質の上部に沖積層が堆積し、加須低地では礫層上部に泥炭質の黒泥を含む沖積層が厚く堆積して低湿地をなしている。低地の形成過程は、最終氷期の海水面低下期に台地を開析した谷が、最終氷期以降の温暖化にともなう海水面の上昇（海進）などによって埋積されて形成されている。

加須低地の特徴は、地下にローム層が存在すること、後背湿地と思われる地域に軟弱な泥炭質の層が著しく厚く存在することなど他の低地と異なる点が発見された。また、行田市で古墳の遺跡が地下数mから発見されたことなどから、加須低地は沈んだ台地の上に形成された低地であるとされている。このことは堀口万吉氏が示すように関東造盆地運動によって加須地域が沈降していることに起因している。

写真は鴻巣市鎌塚で見つけた加須低地に広がる広大な田園風景である。

加須市松永新田　11月中旬　(Hassel 503cw cf150mm)

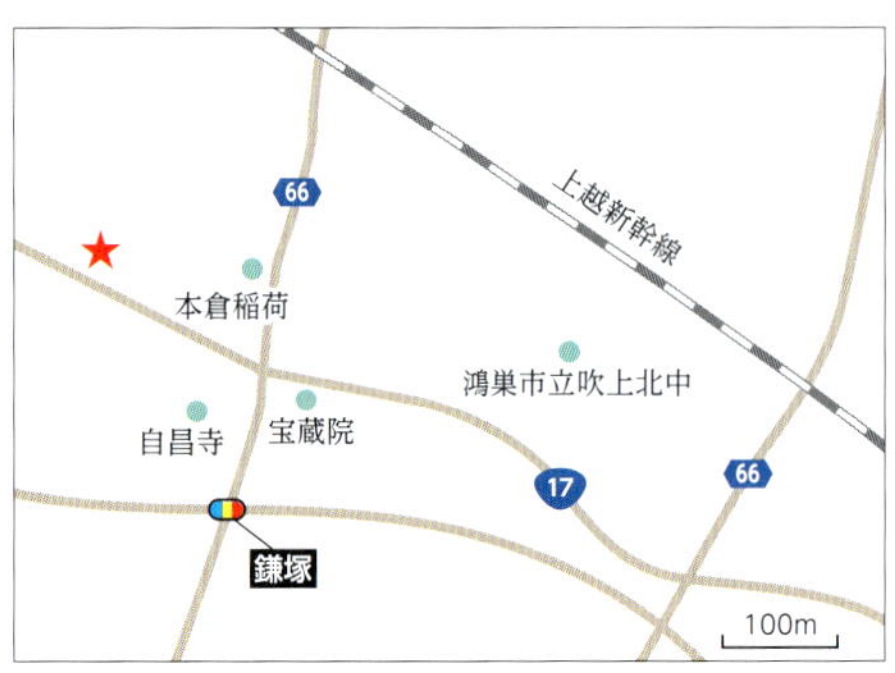

108

宇宙とコスモス

秋から冬

鴻巣市明用　10月中旬　(Hassel 503cw cf150mm)

園芸家の柳宗民氏によると、コスモスの生まれ故郷のメキシコ高原では、至るところに大群落が見られるそうである。日本でコスモスを観光的に扱うようになったのは佐久市のコスモス街道が始まりのようだが、県内各地で観光目的に栽培されているコスモスも初秋の日本的な風景の立役者になっている。

コスモスの語源はギリシャ語のkosmosで、「秩序と調和とを持つ宇宙または世界」の意味が示されている。コスモスの花々の均整のとれた美しさが、宇宙の星々の秩序や調和と重なるのであろうか。宇宙誕生時の「インフレーション理論」や「多重発生機構理論」を研究している佐藤勝彦氏は、真空のエネルギーにより無から宇宙が生まれ、ビッグバン後の急膨張により現在の宇宙の姿になったと提唱している。我々の宇宙以外にも無数の宇宙があり、宇宙の終焉は、膨張し続けすべてが燃え尽きてしまう熱死に行きつくという。

写真は、1000万本の規模を誇る鴻巣市明用（みょうよう）の「コスモスアリーナふきあげ」南側荒川河川敷のコスモスである。

鴻巣市明用　10月中旬　(Hassel 503cw cf150mm)

109

三峰山の紅葉

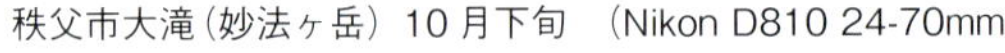

秩父市大滝（妙法ヶ岳）10月下旬　(Nikon D810 24-70mm)

秩父市三峰（三峯神社）10月下旬　(Nikon D810 14-24mm)

木暮理太郎著『山の憶ひ出』には、彼の愛した秩父の山々の描写が数多く見い出せる。三峰山については次のような記述がある。「伝説によると景行天皇の御宇に日本武尊が東夷を征伐して、甲州から武州へ越えられる際に今の雁坂峠を越えて三峯へお出になった。そのとき道に迷ってお困りになっていると、忽然として二頭の神狼が現れ、先に立って御案内をしたので、つつがなく御登山なされた。そこで尊は山上にイザナギ・イザナミの二神をお祭りになり、この狼を永く使者として附随することを許された。」という。これが三峰山のお犬さまの始まりである。秩父周辺の神社の狛犬は神狼を祀ったものが多く、ほっそりした形状をしている。三つの峰とは、雲取山・白岩山・妙法ヶ岳の三山を指す。そしてこれらの山々の名前の由来は紀伊の熊野信仰に関係している。熊野に大雲取山や妙法山があり、また、秩父にある大峰山や金峰山も大峰山脈や吉野の金峰山から名付けられているようである。これらのことから、三峰山は基本的に修験系山岳信仰の影響を受けて成立したとされている。

写真の妙法ヶ岳は大血川（おおちがわ）林道からの撮影である。

110 中津川林道の紅葉

秋から冬

秩父市中津川　１０月中旬　(Nikon D810 14-24mm)

『大滝村誌』によると、中津川林道開削は、本多静六博士が所有山林を埼玉県に寄付したことにより、その山林管理・経営上、県が林道開設を始めたことによる。これにより、木材及び日窒秩父鉱山物の搬出が容易となり、中津峡が世に知られるようになった。その後、埼玉県と長野県を結ぶ唯一の中津川林道は、国有有料林道として昭和41年に開通した。終点である三国峠から西は長野県南佐久郡川上村の旧梓山林道であり、埼玉県内で自動車が通行可能な道路としては最も西に位置する。ただし、林道のほとんどの区間が未舗装であり凹凸も随所にあるので、最低地上高の低い乗用車での登坂は慎重な運転が必要である。私の若い頃の失敗談を語れば、三国峠を越え、梓山から甲府に抜ける大弛（おおだるみ）峠を乗用車で登坂中、道路上の岩がガソリンタンクに当たり、損傷してガソリンが漏れ出す事故を経験している。三国峠の標高は１７４０ｍで、峠を境として埼玉県側は広葉樹が豊かで急峻な秩父山地であるが、長野県側（写真下）は植林されたカラマツ林が広がる比較的緩やかな地形である。

写真は、上下共に三国峠付近での撮影である。

秩父市中津川（三国峠）10月中旬　(Nikon D810 24-70mm)

111

入川渓谷の紅葉

秩父市大滝　10月下旬　(Nikon D810 24-70mm)

秩父市大滝(軌道跡)　10月下旬　(Nikon D810 24-70mm)

荒川を遡ると秩父市大滝川又で入川と滝川が合流する。荒川の源流は入川と名を変え赤沢出合まで続く。赤沢出合には「一級河川荒川起点」の石碑がある。荒川起点からは約170km下って東京湾に辿り着く。荒川源流域は東京大学秩父演習林となっており、原生林や再生林で覆われ豊かな植生を成している。赤沢出合までの入川沿いの探索は、木材搬出のための軌道跡が遊歩道に整備されているので、平坦で歩きやすいコースである。入川谷の軌道は、大正13年に川又～矢竹沢間を関東木材が施設し、昭和11年には東大演習林が赤沢まで延伸し、トロッコによる木材搬出は昭和44年まで続いた。矢竹沢～赤沢間には今でも軌道がそのまま残されている。この軌道から搬出された木材は、ブナ・シオジ・ミヅメ・カエデ類が多く、昭和31年の入川流域の搬出量は年間2900㎥に及んだ。入川渓谷の秋は秀逸で、豊かな森林の紅葉と流れの美しさはもとより、透明感ある流れに木々の落ち葉が舞う姿は芸術的でもある。

秩父市大滝　10月下旬　(Nikon D810 70-200mm)

秩父市大滝　10月下旬　(Hassel 503cw cf80mm)

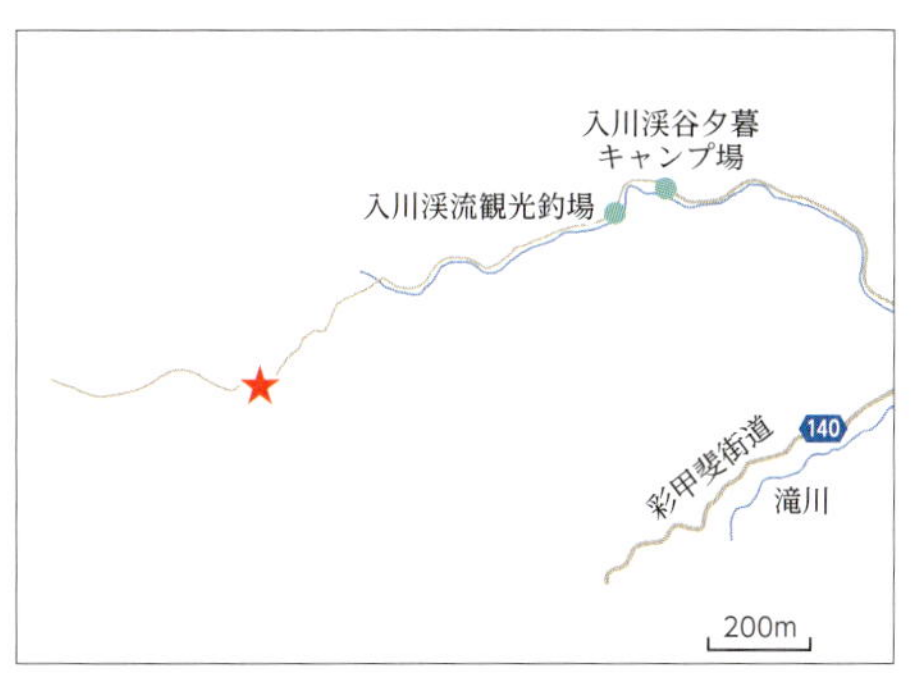

前田夕暮と入川渓谷

「山陰の日かげこまかに澤ぷちの灌木紅し鵐(しとど)しば啼く」(前田夕暮)。文学史上「夕暮・牧水時代」を築いた前田夕暮は、自然主義を代表する歌人である。晩年の昭和20年、奥秩父入川谷に疎開し、1年8ケ月あまり原生林の伐採や開墾に従事している。夕暮にとって入川谷は、父から引き継いだ山林事業の最終的な拠点であり、第二のふるさとのような懐かしさを感じる場所でもあった。冒頭の歌は、入川谷での生活を詠んだ歌集『耕土』の中の1首である。450首あまりの歌集には疎開地での厳しさが様々に描写されているが、その作品の多くに透明感があり、一途で前向きな視線が感じられる。巻末小記には、「入川谷でかねてからの念願である帰農を実践し、晴天開墾をなしつつ、実によい生き方をすることができた。」と記述している。

現在、夕暮ゆかりの木材工場跡地が夕暮キャンプ場となっており、一角に歌碑が建っている。

上：秩父市大滝（大血川林道）10 月下旬　（Nikon D800 24-70mm）
下：小鹿野町河原沢（八丁トンネル）11 月上旬　（Nikon D800 24-70mm）

◆コラム◎秩父盆地の雲海

秩父市中津川（中津川林道）11 月上旬　（Hassel 503cw cf250mm）

秩父盆地は新第三紀層を基盤としており、東側は地下深くから隆起した三波川変成岩、その他周囲は２億年前の古い付加体から成る山々で囲まれている。秩父盆地では多くの化石が発見され、地層が積もった仕組みや、その当時の環境等が研究されている。盆地の基盤となっている地層は、おおよそ 1700 万年前から 1400 万年前頃のもので、現在の秩父盆地のもとになった「秩父湾」に土砂が運ばれて形成されたものである。

秩父盆地によく雲海が見られるのは、晴れた日の夜間に周囲の山々で冷やされた空気が、周りの空気より重いために盆地内にたまり、盆地内がよく冷えることにより低位の層雲等を生じさせる。特に秩父盆地には荒川という水分の補給源があるために一層発生しやすくなっている。

写真左は中津川林道の頂上近くから秩父方面を撮影した。右上は、大血川林道から、中央部山中地溝帯から右側秩父盆地を俯瞰した。右下は両神山の八丁トンネル出口駐車場から、眼下に山中地溝帯（秩父盆地北西から群馬県の旧中里村・上野村を通り、長野県佐久郡大日向村に及ぶ細長い中生代白亜紀層の地溝状の凹地帯）を斜めに俯瞰し、右奥が秩父盆地の雲海である。 西武鉄道のホームページによると、三峰山周辺の雲海の出現率は４月・６月・11 月は 40％を越えていてかなり高い。

112 大血川林道の紅葉

秩父市大滝　11月下旬　(Hassel 503cw cf150mm)

大血川谷の大日向山中にある大陽寺の開山は、後嵯峨天皇第二皇子として生まれた仏国応供広済国師（1241〜1316）と伝えられている。同地では国師は髭僧大師と呼び慣らされ誇りにしている。『大滝村誌』によると、大陽寺は紀州・徳川家の祈願所に指定されたことや紀州・高野山の山岳信仰とよく似た民間信仰が寄せられ、女性の登拝・参詣を受け入れてきたためか、「東国女人高野」と称されている。

大血川の名前の由来については、『大滝村誌』に地名伝説が載っている。平将門の妻である桔梗が、家来と付人を連れて逃げてこの地まで来た。この地に来たときに将門が亡くなったことを聞き、これ以上逃げられないと悟り、希望も持てないので家来や付人合わせて九十九人も自害したという。その人たちが流した血がこの川を七日七晩も真っ赤に染めたので、そのときから「大血川」になったそうだ。平成16年に大血川と三峰山頂を結ぶ大血川林道が開通し、容易に奥秩父山系を望むことができるようになった。

秩父市大滝（大陽寺）　11月下旬　(Hassel 503cw cf250mm)

113 金蔵落しのカエデ

秩父市大滝　11 月上旬　(Nikon D810 70-200mm)

大正期から昭和40年代まで、奥秩父の木材は軌道や林道を通して市場に搬出されていた。様々な木材が搬出される中で、奥秩父のカエデは木目が細かく、市場でも評判が高かったという。県立自然の博物館によると日本にあるカエデ類27種類のうち21種類が埼玉県内に自生しているそうである。（『埼玉県植物誌』にはカエデ科25種が紹介されている。）入川・滝川・中津川・浦山川・荒川本流などの河川沿いには数多くのカエデが繁茂している。奥秩父の紅葉・黄葉が鮮やかなのはカエデ類によるところが大きい。

紅葉・黄葉のメカニズムは、赤色は色素「アントシアニン」、黄色は色素「カロテノイド」、褐色はタンニン性の物質に由来し、植物の光合成作用が深く関わっている。従って、日光のよく当たるカエデ類の紅葉・黄葉は一際鮮やかな色に染まる。また、河川沿いの紅葉がより美しいのは、供給される水分の影響や河川沿いが霜害が防げること、河川岩場により昼夜の寒暖差が大きい等の理由もあげられる。奥秩父には「持桶の女郎カエデ」「金蔵落しのカエデ」など固有名詞を冠しているカエデも多い。

秩父市大滝　4 月中旬　(Nikon D810 70-200mm)

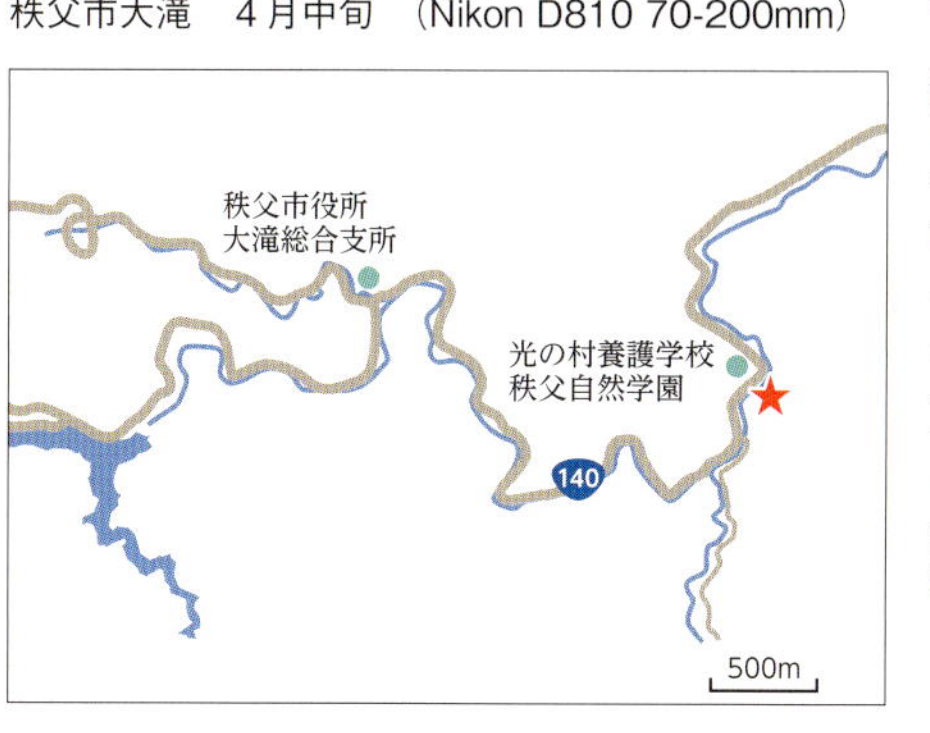

114

中津川渓谷

秩父市中津川　11月上旬　(Hassel 503cw cf50mm)

昭和9年の秋に斎藤茂吉一行が三峰登山口吉田屋旅館に一泊し、翌日紅葉の中津川渓谷を訪れている。埼玉アララギ会に出席した折の探勝であり、「もみぢばのうつろふころを山に入りて今年の秋の福（さいはひ）を得つ」を始めとして13首残している。妻てる子との結婚に苦悩し、諦念の世界へと向かって歩き始めていた茂吉が、中津川渓谷の紅葉に心惹かれ、後に熱烈な恋愛関係を結んだ永井ふさ子に再会した奥秩父吟行である。「今年の秋の福を得つ」には、ふさ子との関係が詠み込まれているという。

中津川渓谷沿いにはカエデが多く、トチやカツラの大樹が生い茂り、その紅葉は紅や黄色に彩られたいへん美しく、日本紅葉百選の一つになっている。写真の新緑と紅葉のカエデは、林道中程の持桶トンネル脇にある幽艶な楓の古木「持桶の女郎紅葉（かえで）」の彩色である。

日本最初の林学博士として近代林学の基礎を築いた本多静六氏は、慶応2年（1866）に旧菖蒲町に生まれ、水源林などの森林の造成や全国各地の公園の設計など、近代日本の発展に大きく貢献した埼玉県を代表する人物である。本多氏は貧しい学者生活の中から資産形成に励み、40歳にして百億円あまりの資産を築くも真の幸福論を語り、そのほとんどの資産を寄付した伝説の人でもある。本多静六著『私の財産告白』によると、ドイツ留学の折ミュンヘン大学のブレンタノ博士の教えで、学者でも優に独立生活ができるだけの財産を形成する重要性を学び、勤倹貯蓄と幹線鉄道や山林投

中津川渓谷（ヤトウロクの渓流） 左：5月初旬／右：11月上旬 （Nikon D810 24-70mm）

秩父市中津川（女郎カエデ） 左：6月上旬／右：11月上旬 （Hassel 503cw cf100mm）

資等により、莫大な財産を形成するに至った。しかし財産の私有化は考えず、秩父市中津川流域の２４００万坪の大森林を、昭和５年に埼玉県に寄贈した。そして、この森林から生ずる収益をもとに「本多静六博士奨学金」が設けられ、昭和29年以降多くの学生に奨学金が貸与されている。「彩の国ふれあいの森」はこうして現在まで県有林として引き継がれ、自然環境の保全に重要な役割を果たしている。

115

三波石峡

神川町矢納　11 月中旬　(Nikon D810 24-70mm)

山形県と秋田県に位置する鳥海山の麓に、芭蕉の奥の細道で有名な象潟（きさかた）がある。ここの夏季の名物は天然岩ガキである。ミネラル分を含んだカキは瑞々しくて美味である。鳥海山に降った大量の雨や雪がブナの大森林に育まれ、地中に染み込み河川や伏流水となって日本海に注ぐ。豊富な栄養を含んだ伏流水は、岩ガキのエサとなるプランクトンをも豊かにするので、ますますカキにとっては好条件となる。豊かな海と豊かな森林には密接な関係があり、豊かな森づくりの重要性が認識されるようになってきた。ダムは発電、治水、灌漑等に役立ち私たちの暮らしを豊かにしてくれる反面、せき止められた水は精気や清らかさを失ってしまう。

写真の神川町矢納の登仙橋から上流の下久保ダムまでの約2kmが、三波石峡として国指定の名勝・天然記念物になっている。三波石渓谷は古老の話によると、ダム建設前は清流をたたえる美しい渓谷であったそうだ。水景観から言えばダムは悪者になるが、経済面・生活面を考えると難しい問題である。浦山ダムに見られる「清水バイパス」のような工夫がされればある程度の清流が保たれると思われるが……。

神川町矢納　5 月上旬　(Nikon D800 24-70mm)

116 浦山渓谷の紅葉

左右とも：秩父市浦山　11 月中旬　（Nikon D810 24-70mm）

秩父市浦山地区の浦山川及び広河原谷流域は、広葉樹が多く紅葉の美しい場所である。平成10年に完成した浦山ダム建設に伴い周辺道路整備も図られ、比較的容易に奥深い山容に出会うことが可能となった。平成18年には、浦山地区と飯能市下名栗を結ぶ延長21・6㎞の広河原逆川林道（埼玉県森林管理道）が完成し、標高１１４９ｍの峠に「有間峠」の名が与えられた。峠からは展望がよく、名栗湖や周辺の山々を望むことができる。埼玉県の事業概要によると、この林道を整備する目的・意義は、砂利道の上急勾配区間が多く木材等林産物を運搬するトラックの車体が著しく揺れ、荷崩れが危惧されるとともに、近年、浦山ダムによる人工湖秩父さくら湖が完成したことで、一般者のドライブ道としての利用が増加傾向にあり、より安全で円滑な通行を確保する必要があった。このため、路線全線の舗装を実施し、安全で円滑な林道通行の確保を図ったものであるという。

写真左は、浦山渓流フィッシングセンター付近のカエデの紅葉で、写真右は、集落付近の浦山川沿いのカエデやミズナラの黄葉ある。

浦山渓流フィッシングセンター
秩父彩の国キャンプ村
50m

写真左

写真右

浦山ダム
秩父さくら湖
浦山公民館
73
73
500m

117

小鹿野の紅葉

左：小鹿野町両神小森（夜討ち沢）11 月中旬／右：小鹿野町河原沢　11 月中旬　（Nikon D810 24-70mm）

小鹿野町の志賀坂峠下から中津川のニッチツ秩父鉱山内に至る「金山志賀坂林道」は、両神山の裏手を回るルートで、奥秩父でも有数の紅葉の名所である。林道脇にはカエデが多数植樹されており、深紅に染まるカエデの紅葉と石灰岩からできている二子山の威容が美しい。また、両神山直下を走る金山志賀坂林道は両神山の偉容な姿を間近で仰ぎ見ることができる。

また、小鹿野町には清流の小森川が流れている。小森川の歴史については、小森川蛍流会の説明によれば、室町時代の文明8年（1476）、関東管領山内上杉家の重臣である長尾景春は、古河公方を後ろ盾として主家に反逆する。やがて、太田道灌に追いつめられ、この地の山城・塩沢城に籠城し抵抗するが、ある夜、道灌の命で夜討ちが行われ、この沢は戦いの場となった。景春らは夜陰に紛れて何処かに消え去った。小森川にある夜討ち沢の呼び名は、この史実がもとになっているという。

299
小鹿野町立両神幼稚園
小鹿野町役場
四阿屋山
埼玉県山西省友好記念館
丸神の滝
セツブンソウ自生地
367
37
500m

写真左

写真右

ときがわ町大野（白石峠）　11 月下旬　（Nikon D810 24-70mm）

118 峠の紅葉

外秩父の山々の尾根伝いに風光明媚な林道が貫いている。寄居町の風布にある塞神峠～釜伏峠～二本木峠～彩の国ふれあい牧場～粥新田峠～定峰峠～白石峠～高篠峠～大野峠～刈場坂峠～正丸峠～山伏峠～飯能市上名栗と埼玉県を斜めに横切るように続いている。これらの道の多くは環境省指定の「関東ふれあいの道」と重複し、多くのハイカーで賑わっている。定峰峠から北は彩の国ふれあい牧場などがある牧場林道であり、定峰峠から南はスギやヒノキの生い茂る「西川材」の産出地である。

江戸時代から昭和初期まで、荒川支流の入間川・高麗川・越辺川流域の木材は、筏を組んで5日間ほどかけ江戸まで運んでいた。江戸の人々は、「西の川から送られてくる良質の木材」として、「西川材」と呼ぶようになったといわれている。『飯能市誌』によれば「西川材」の森林面積は2万ha、8割が人工林でスギとヒノキが2対1の割合だそうである。「西川材」の産地の9割は私有林で、飯能市を中心に越生町・毛呂山町・日高市に及んでいる。林道を進むとスギ林やヒノキ林の間にモミジが点在しており、針葉樹と鮮やかなコントラストを示している。

飯能市北川（刈場坂峠）　11 月下旬　（Nikon D810 24-70mm）

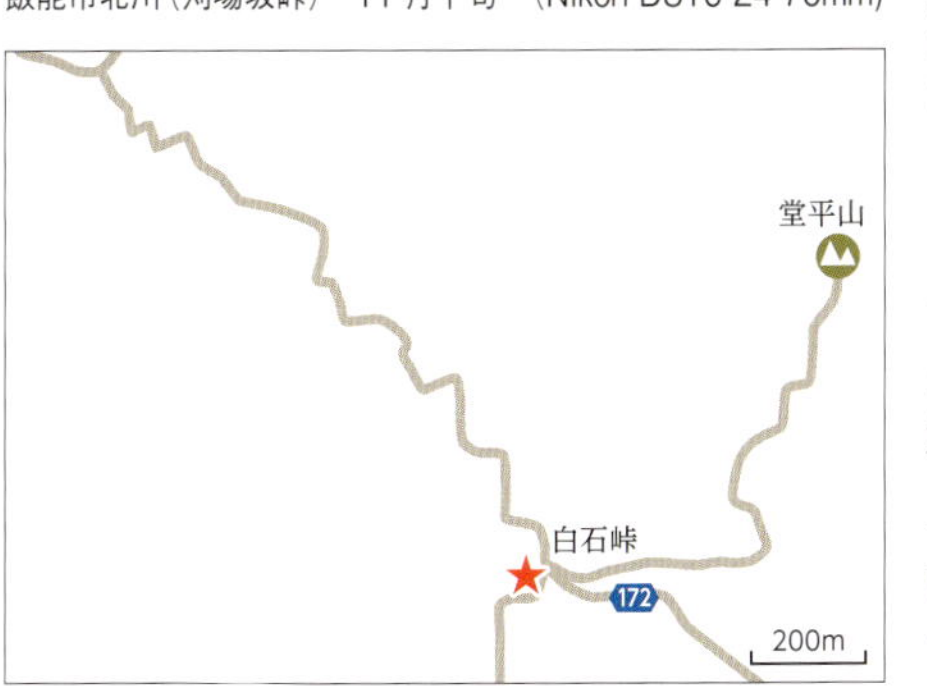

119

名栗渓谷

飯能市上名栗（下ヶ坂橋）　左：11 月下旬／右：6 月上旬　（Nikon D810 70-200mm）

名栗川流域一帯は名栗郷と呼ばれ古くは秩父郡に属していた。江戸時代中期以前の名栗郷は農業・林業を中心に生業をなし、農閑に男は炭を焼き販売し、女は木綿・麻など織物に従事した。上名栗村においては、安政4年（1857）には年間200両の炭を生産しており、文化元年（1804）の文書によれば、炭焼及び関連の仕事に従事した者は、炭焼66、炭商売12、炭材木2、炭背負8、炭俵編み5の計93軒に及ぶという。御用炭の江戸までの搬送は飯能を経て新河岸まで馬で陸送し、新河岸川舟運で江戸まで運んだ。

その後、江戸中期以降は木材生産が盛んになり、西川材と称される材木の供給地となった。材木の村全体の生産高は不明であるが、飯能村の文書によると3ケ月あまりで、一双200〜300本の筏数にして88双、つまり17600〜26400本の取扱量だった。西川材生産地の名栗川流域はスギやヒノキが多いため、山々は錦秋を呈することはないが、川沿いに残るカエデ類は一際鮮やかに秋を装う。下ケ坂（さがさか）橋周辺の川沿いにはカエデ類が繁茂している。

120 有間渓谷の紅葉

飯能市下名栗　11月下旬　(Nikon D810 24-70mm)

名栗では古くから「炭の下名栗、木材の上名栗」といわれていた。下名栗には村域面積の半分以上を占める広大な入会林野「有間谷」があり、製炭の原木が十分に確保できたため、有間谷の奥山は「炭焼きの本場」と称され、昭和の初めまで炭焼きが盛んであった。当時、有間谷の奥山に行くには、龍泉寺の谷津を入って有間川沿いに林道を歩き落合まで行く。落合で左右の谷津に分かれ、右側の谷津を進むと逆川を経て鳥首・妻坂峠に至る。左側の谷津は有間川上流に沿っており、これを行くと奥山の炭焼き山に到着した。龍泉寺からの所要時間は2時間半から3時間であり、往復の道程が困難であったが、良質の炭が得られ収益を上げることができた。

有間川の「龍神渕」にはいくつかの伝承が残されており、「釜淵の竜神様とお膳」、「大淵にまつわる話」などが、『名栗の民俗』に紹介されている。有間川渓谷一帯は、炭焼きの歴史を有する場所であるため比較的広葉樹林が多く、清流と紅葉の美しい場所である。

飯能市下名栗　11月下旬　(Nikon D810 24-70mm)

121 円良田湖の紅葉

美里町円良田　11 月下旬　(Nikon D810 24-70mm)

『万葉集』には、天智天皇が藤原鎌足におことばを下し、「春山の万花(ばんくわ)の艶(にほひ)」と「秋山の千葉(せんえふ)の彩(いろどり)」とを争わせたとき、額田王が即興に判定した「冬ごもり　春さり来れば　鳴かざりし　鳥も来鳴きぬ　咲かざりし　花も咲けれど　山を茂み　入りても取らず　草深み　取りても見ず　秋山の　木の葉を見ては　黄葉をば　取りてそしのふ　青きをば　置きてそ嘆く　そこし恨めし　秋山われは」という和歌がある。はじめ春を礼賛したかと思うと、花を手に取ることができないのに不満を残し、次に秋の黄葉を賞美したかと思うと、まだ青い葉には恨みを投げかけ、それぞれの一長一短を指摘し、そして最後にきっぱりと秋山が優れているといっている。また、『源氏物語』野分の巻の一節にも「春秋の争ひに、昔より秋に心寄する人は数まさりけるを……」とあるように、春の万花に優る秋の紅葉は、さびしき冬を背景にするので一層美しく見えるのであろう。

寄居町・美里町にまたがる円良田(つぶらた)湖はヘラブナやワカサギ釣りで有名であるが、クヌギやコナラの黄葉で秋の深まりを感じる。

秋から冬

122

神川町の紅葉

神川町二ノ宮　11 月下旬　(Nikon D810 70-200mm)

神川町にある金鑽神社は『金鑽神社鎮座之由来記』によると、日本武尊が東国遠征の折に倭姫命より与えられた草薙剣とともに携えてきた火打金（火鑽金）を御霊代として山中に納め、天照大神、素戔嗚尊を祀ったのが創始とされ武蔵二宮と称される。『風土記稿』では「神体金山彦尊或ハ素戔嗚尊トモ云、二十二村ノ惣鎮守ナリ」と記されており、金山彦尊は神話上では金・鉱物の神で、当社は採鉱・製鉄等にかかわる集団によって祀られたとみられ、社名の「金佐奈」は「金砂」を表し、御室山背後に控える御嶽山から鉄鉱が採鉱されたとの伝承もある。そして、二十二村ノ惣鎮守とあるのは、用水流域に二十数社の金鑽神社の分社がみられ、これらの所在地は児玉党（平安時代後期から鎌倉時代の武士団）の勢力範囲に合致するという。周辺の畑からは金糞といわれる製鉄の際に生じる鉄を含んだ塊が多数出土するので、児玉党が繁栄していた頃は、製鉄が盛んに行われていたに違いない。

神川町は金鑽神社の他に城峯公園の冬桜も有名であり、左写真のように、紅葉とサクラの意外な組み合わせも見られる。

神川町矢納　11 月中旬　(Nikon D810 70-200mm)

上：主虹と副虹　12 月中旬
（Nikon D810 14-24mm）
中左：虹と月　10 月下旬
（Hassel 503cw cf150mm）
中右：月暈　11 月下旬
（Hassel 503cw cf50mm）
下：日暈　5 月下旬
（Nikon D810 14-24mm）
（写真はいずれも深谷市内）

◆コラム◎虹・日暈・月暈

主虹と副虹　８月中旬　(Hassel 503cw cf50mm)

「光」は粒子と波の性質を併せ持っている。虹は光が波の性質を持っているために現れる自然現象である。太陽光は波長の長いものから順に、赤・橙・黄・緑・青・藍・紫などの様々な色を含んでいる。光には異なる物質の境界で進路が変わる性質があり、これを屈折と呼んでいる。そして屈折は波長（色）によって変わり、波長の長いものほど屈折率が低い性質がある。太陽光が雨粒に入り屈折し、その光が雨粒の内部で反射して再び雨粒の外に屈折して出て行く。そのため、赤～紫の虹が現れる。虹をよく観察すると二重に見えることがある。内側の色の濃い虹を主虹、外側の薄い虹を副虹という。副虹は、雨粒内で２回反射した光が外に出て行ったために見える現象で、主虹と色相が逆になっている。なお、二つの虹の暗い部分は、２世紀にこの現象を初めて記述したギリシャの学者アレキサンダーに因んで、アレキサンダーの暗帯と呼ばれている。一方、暈（かさ）とは、太陽や月に薄い雲がかかった際にその 周囲に光の輪が現れる大気光学現象のことである。特に太陽の周りに現れたものは日暈（ひがさ）、月の周りに現れたものは月暈（つきがさ）と呼んでいる。日暈、月暈は、氷晶でできた巻雲・巻積雲・巻層雲などのときに、太陽や月の光が氷晶によって屈折され光輪が見える現象である。

古代中国では、虹は天空にかかる大蛇と考えられており、「虫」は蛇や龍、「工」は上下の面に穴を通す意から虹と現すようになった。虹が歌に詠み込まれるようになったのは平安末からであり、『万葉集』には虹を詠んだ歌が東歌の１首しかない。「伊香保ろの　夜左可の井手に　立つ虹の　現はろまでも　さ寝をさ寝てば」。『古事記』では天と地が男女が契るようにして生まれたのが虹で、汚れが多く不吉な予兆として捉えられている。また、中国の古代思想でも虹は男女の過ちを予感させるものとして扱われている。律令官人達が、美しい虹を見ても詠わなかったのは、こうした思想が背景にあったからであろうと国文学研究者の吉永哲郎氏は述べている。

新座市野火止　11 月下旬　(Hassel 503cw cf100mm)

123 平林寺の紅葉

平林寺の歴史は、永和元年（1375）太田備中守が岩槻に金鳳山平林寺を建て、建長寺の石室和尚が鎌倉から居を移し開山したと『平林寺史』に記述されている。その後、寛文三年（1663）川越藩主松平信綱の志を継いだ輝綱が、先祖供養のため岩槻から野火止に平林寺を移転し現在に至っている。平林寺の移転を可能としたのは、信綱による野火止用水の開削に依るところが大きかった。玉川上水から分水し、野火止台地を経て新河岸川に至る全長約25㎞の野火止用水は、透水性の高いローム層や砂礫層の台地を居住に適した土地に変えた。その支流は平林寺境内の南西部に入り、境内を潤して総門から東方へ流れ出ていた。山門左手にある写真上の放生池もかつては野火止用水で満たされていたという。

晩秋、関東の名刹はカエデの錦に彩られ、野火止塚や松平家の墓所などの文化財をはじめ、国の天然記念物の雑木林（クヌギ・コナラ・モミジ）など、武蔵野の面影を色濃く残している。平成21年の秋には、天皇・皇后両陛下が紅葉の平林寺を訪問されている。

新座市野火止　11 月下旬　(Hassel 503cw cf150mm)

124 屋敷林のシルエット

熊谷市武体　12 月中旬　（Hassel 503cx cf250mm）

『万葉集』に「武蔵野は月の入るべき山もなし　草よりいでて草にこそ入れ」という歌がある。また、国木田独歩の『武蔵野』にも「昔の武蔵野は萱原のはてなき光景を以て絶類の美を鳴らしていたように言い伝えてあるが、今の武蔵野は林である」という一節がある。『三芳町史』によれば、中世の武蔵野は林ではなく、尾花・萱・蘆などの生い茂る大草原であり、農民たちの入会秣場（まぐさば）として、牛馬の飼料、屋根葺きの萱、燃料などの供給源であった。その武蔵野に、新田開発等により田畑の肥料や燃料にするためのナラやクヌギが植林され、加えて屋敷の防風対策や建築材として竹、ケヤキ、スギ、ヒノキ、カシ等が植えられ、従前の木々と相まって武蔵野の平地林や屋敷林が形成された。江戸時代以降の武蔵野における自然循環型農業は、その恩恵によって維持されてきた。平地林や屋敷林は埼玉を代表する風景であり、三富地区をはじめとして県内各地で見られるが、都市化の影響か年々減少してきているのが残念である。

写真上の浅緋色（うすきひいろ）の屋敷林は、熊谷市武体に残る田中神社の朝焼けである。

熊谷市武体　3 月上旬　（Hassel 503cx cf80mm）

125 夜景と光害

ときがわ町大野（堂平山）12 月下旬　（Nikon D810 70-200mm）

東秩父村大内沢（登谷山）10 月中旬　（Nikon D810 70-200mm+TC-20EⅢ）

外秩父山系の堂平山や登谷山などから俯瞰する首都圏の夜景は美しい。発電機がなかった時代にはこのような光景は存在しなかった。自然美ではないが人間が創り出した人工美である。しかしながら光害（ひかりがい）の観点から見ると由々しき問題である。光害とは、「良好な光環境の形成が、人工光の不適切あるいは配慮に欠けた使用や運用、漏れ光によって阻害されている状況、又はそれによる悪影響と定義する。」と環境省の『光害対策ガイドライン』に述べられている。同ガイドラインには、人工光が動物や植物に及ぼす影響、人間の諸活動に及ぼす影響、天体観測に及ぼす影響、温暖化問題に対する影響等が記述されている。LEDの開発と相まって光エネルギー消費量は格段に減少してきてはいても、雲を明るく照らすほどの夜景（光害）を見ると、まだまだ考えていかねばならない問題である。埼玉県の夜空に天の川が見える日を切望する。

あとがき

霊長類学者の河合雅雄氏が、『子どもと自然』の中で、「人類にとって自然の必要性は、森林で樹上生活を送ってきた先祖から受け継いできた系統発生的な適応感覚である。」と述べているように、高度情報通信ネットワーク社会において、バーチャルな世界で多くの時間を費やし、自然に触れる機会が減少している現状は、心身の健康面からも大きな課題を有しているように思う。教職生活37年間を通し、子どもたちにもっと自然が必要なのではないかと感じている。

レイチェル・カーソンが、『センス・オブ・ワンダー』で述べているように、自然に接し、美しさに感動したり、畏敬の念を感じたり、疑問を持ったり、安らぎを感じたりすることは、豊かな人生を送る上で欠かせないことであると思う。

本書は、いままであまり注目されてこなかった埼玉の自然美について、20年あまりの歳月を費やし、自然風景を美的観点から発掘し、その風景に関わる文学・人文地理・科学などをエッセイ的に紹介したものである。自然とふれあい、自然に遊び、自然美を「見る・撮る・描く」のコンセプトを盛り込んだ本書が、読者の皆様と自然との出逢いの仲立ちになれば幸いである。

なお、掲載している写真の一部は、関東経済産業局の広報誌『いっとじゅっけん』、埼玉県教育委員会の雑誌『埼玉教育』、『彩の国の道徳』（小学校用・中学校用・高等学校用）、熊谷市『くらしのカレンダー』等に紹介されたものも含んでいる。

おわりに、（株）さきたま出版会の星野和央取締役会長様をはじめ多くの方々の御尽力により出版できたこと、心より感謝申し上げげたい。

２０１６年８月

著者略歴

清水　勉（しみず　つとむ）

昭和30年　埼玉県深谷市に生まれる。

昭和54年　東京理科大学理学部卒業。深谷市立幡羅中学校教諭をスタートに、埼玉県内の公立中学校や県、熊谷市、深谷市、妻沼町の教育委員会に勤務する。

平成28年　深谷市立花園中学校校長で退職。

なお、教職に専念する傍ら、自然探訪をこよなく愛し、撮影した作品は、月刊誌「埼玉教育」表紙や小・中・高の「道徳」の副教材などに採用され、高い評価を得ている。

四季折々の125景　埼玉の美しい自然

2016年10月30日　初版第1刷発行

著　　者　清水　勉

発 行 所　株式会社さきたま出版会

〒336-0022　さいたま市南区白幡3－6－10

電話048－711－8041

ブックデザイン　星野 恭司

印刷・製本　関東図書株式会社

ISBN 978-4-87891-432-4　C0026